国家中等职业教育改革发展示范校教材

林业政策法规实务

徐鹭霞 主编

中国林业出版社

内 容 简 介

本书为中等职业学校现代林业专业学生学习而编写，从中等职业学校毕业生就业岗位的需求出发，充分考虑中等职业学校学生的认知水平与已有的知识结构。按 5 个章节编写：林业政策的基本知识、森林法律制度、野生动物保护与自然保护区法律制度、林木种子与新品种法律制度、林业行政复议及行政诉讼。每个章节都引用典型案例来启发学生思考，在课后还附有练习题和案例分析题。

本书可供中等职业学校现代林业专业作为教材使用，也可作为基层林业工作者的培训教材使用。

图书在版编目（CIP）数据

林业政策法规实务 / 徐鹭霞主编．—北京：中国林业出版社，2014.6（2023.10重印）
国家中等职业教育改革发展示范校教材
ISBN 978-7-5038-7462-8

Ⅰ．①林… Ⅱ．①徐… Ⅲ．①林业政策－中国－中等专业学校－教材
②森林法－中国－中等专业学校－教材　Ⅳ．①F326.20　②D922.63

中国版本图书馆 CIP 数据核字（2014）第 087152 号

国家林业局生态文明教材及林业高校教材建设项目

中国林业出版社·教育分社

责任编辑：高红岩
电　　话：83143554　传真：83143516

出版发行	中国林业出版社（100009　北京西城区德内大街刘海胡同 7 号） E-mail：jiaocaipublic@163.com　电话：（010）83143500 http://lycb.forestry.gov.cn
经　销	新华书店
印　刷	北京中科印刷有限公司
版　次	2014 年 6 月第 1 版
印　次	2023 年 10 月第 4 次印刷
开　本	710mm×1000mm　1/16
印　张	11.25
字　数	230 千字
定　价	29.00 元

未经许可，不得以任何方式复制或抄袭本书之部分或全部内容。

版权所有　侵权必究

教材编审委员会

主　任：黄云鹏

副主任：聂荣晶　范繁荣

成　员：陈基传　曾凡地　赖晓红　曾文水

　　　　李永武　丁莉萍　沈琼桃　刘春华

　　　　裘晓雯　黄清平

编写人员

主　　编：徐鹭霞

编写人员：（按姓氏笔画排序）

　　　　　方惠玲（福建省三明市林业局）

　　　　　罗爱明（福建省三明市三元区林业局）

　　　　　徐鹭霞（福建三明林业学校）

　　　　　黄金荣（福建省三明市三元区林业局）

　　　　　黄月英（福建省三明市三元区林业局）

前言

《林业政策法规实务》是中等职业学校现代林业专业的主干课程,课程的主要任务是使学生了解和熟悉林业政策、林业法规和相关法律制度的基本概念、主要内容,掌握从事本专业各岗位工作应具备的林业政策法规的基本知识,初步具有依法进行林业生产、经营、管理活动的能力。

本教材对我国现行的林业政策法规做了比较系统的阐释,其涉及林业政策的基本知识、森林法律制度、野生动物保护与自然保护区法律制度、林木种子与新品种法律制度、林业行政复议及行政诉讼五个方面的内容。

本教材具有以下特点:

(1)内容难易适中。在难易程度的把握上,根据本课程相关教学要求及林业最新发展来写,同时,兼顾中等职业教育的实际情况,力求在内容和案例上使教材更适合中职学生。

(2)注意法与理的结合、理与例的统一。本教材引用大量典型案例来启发学生思考,用较多的篇幅加以评析,所选案例具有典型性、针对性、真实性。

(3)在教材中,每章节附课后复习题及林业相关案例分析题,注意引导学生锻炼法律思维能力和运用林业政策法律的理论解决实际问题的能力。

参加编写本教材的作者是长期从事教学工作及林业生产一线的林业执法工作人员。但编者水平有限,本教材难免存在不足与不当之处,敬请广大读者批评指正。本教材编写过程中参考了大量国内有关资料和文献,融合了一些学者的观点和思想,在此向所引资料与文献的作者表示感谢。

编 者

2014 年 4 月

目录

前言

单元一　林业政策的基本知识 ………………………………………………1
　　第一节　林业政策简述 …………………………………………………1
　　第二节　我国现行林业政策的主要内容 ………………………………7
　　【思考与练习】 …………………………………………………………16

单元二　森林法律制度 ……………………………………………………17
　　第一节　森林法概述 ……………………………………………………17
　　第二节　林权、林地管理的法律制度 …………………………………19
　　第三节　森林经营管理的法律制度 ……………………………………30
　　第四节　森林保护的法律规定 …………………………………………35
　　第五节　植树造林的法律制度 …………………………………………43
　　第六节　森林采伐的法律制度 …………………………………………45
　　第七节　木材经营、运输管理的法律制度 ……………………………49
　　第八节　违反森林法规的法律责任 ……………………………………54
　　【思考与练习】 …………………………………………………………62

单元三　野生动植物保护与自然保护区法律制度 ………………………65
　　第一节　野生动物保护法律制度 ………………………………………65
　　第二节　野生植物保护法律制度 ………………………………………91
　　第三节　自然保护区法律制度 …………………………………………102
　　【思考与练习】 …………………………………………………………110

单元四　林木种子与植物新品种保护法律制度 …………………………112
　　第一节　林木种子法律制度 ……………………………………………112
　　第二节　植物新品种保护法律制度 ……………………………………119
　　【思考与练习】 …………………………………………………………128

单元五　林业行政执法相关法律 ·· 130
　第一节　林业行政执法 ··· 130
　第二节　林业行政处罚 ··· 132
　第三节　林业行政复议 ··· 142
　第四节　林业行政诉讼 ··· 151
　【思考与练习】··· 168

参考文献 ··· 170

单元一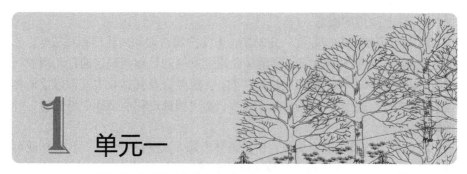
林业政策的基本知识

第一节　林业政策简述

一、林业政策的概念与特点

（一）林业政策的概念

1. 政策的概念

政策，是指党和国家为实现一定历史时期的路线、任务而制定的行动纲领和准则。政策属于上层建筑的范畴，是一定阶级或阶层利益的集中体现。

政策有国家政策和政党政策之分。执政党的政策往往通过一定的程序和途径成为国家政策。我国是工人阶级领导的，以工农联盟为基础的人民民主专政的社会主义国家，工人阶级对国家的领导是通过中国共产党的领导实现的。中国共产党是执政党，是全中国最广大人民利益的忠实代表，是中国特色社会主义事业的领导核心。中国共产党的政策，是以马克思列宁主义、毛泽东思想、邓小平理论和"三个代表"重要思想为指导，根据我国经济社会发展的实际情况和客观规律的要求，在总结人民群众实践经验和借鉴国际社会发展经验教训的基础上，制定并用来指导我国国家事务中各项事业又好又快发展的行动准则。

政策不等同于政策性文件。政策性文件是政策的一种载体，政策往往通过政策性文件以书面形式记录下来并予以公布。一个政策性文件可能包含几个政策，而一个完整的政策也可能分别在几个不同的政策性文件中予以规定。一个政策，往往还包含各级党政机关结合实际情况而制定的各种具体实施要求和程序、步骤等。

2．林业政策的概念

林业政策是党和国家在一定时期，为保护和合理利用我国森林资源，改善生态环境，发展林业生产，实现林业建设发展的目标而制定的行动纲领和准则。林业政策是林业管理工作的基础。各级政府及其林业主管部门依据林业政策来指导、规范和影响林业的发展，解决和处理林业工作中遇到的各种矛盾和问题。

我国林业政策的总目标是：保护森林资源，发展林业产业，实现林业可持续发展，发挥森林资源的多种功能，实现生态、经济、社会效益的统一，促进我国林业和生态环境事业持续、快速、健康发展，建设比较完备的生态体系与比较发达的林业产业体系，实现人与自然和谐相处。

林业政策一般通过党的组织和国家机关以决定、通知、会议决议、规定、办法等形式公布。

（二）林业政策的特点

林业是以森林资源为主要对象，以培育、保护、合理开发利用森林资源为主要目的的重要的公益事业和基础产业。林业政策作为党和国家管理林业经济活动所采取的重要措施，既是一种策略和手段，又是一种行为的规范和准则。由于林业的特殊性，林业政策有其鲜明的特点。

1．连续性与稳定性

政策的连续性和稳定性是政策产生执行效果的前提条件。政策要产生一定的社会影响只有保持一定时间跨度内的基本稳定。由于林业生产具有周期长的特点，林业政策需要保持连续性和稳定性。林业政策的稳定，是林业生产经营者能够预见其活动收效的保障，从而使其能够因地制宜地安排林业生产，充分利用自然力作用中的有利因素，克服不利因素的影响，以实现科学的林业生产，保证其利益的实现。林业政策只有保持稳定性和连续性，才能充分调动社会各界参与林业建设的积极性，吸引更多的资金、技术和劳动力等生产要素投入到林业，促进林业的可持续发展。

2．与农牧业等政策的密切相关性

由于森林资源和森林效益的多样性，使得林业与其他产业有着密切的联系。林业政策就不可避免地要与农牧业政策、土地政策、水利政策、环保政策、矿业政策以及工商财税、科技教育等方面的政策产生密切的联系。许多林业政策都是由林业主管部门会同其他有关部门共同研究制定、联合发布，共同贯彻实施的。同时，由于森林和宜林荒山荒地分布的广泛性，往往农林交错、林牧混杂，一家农户常常是农、林、牧多种经营，同一土地也常常实行农林复合经营，因此，林业政策与农牧业政策的关系更为密切。林业只有与农、牧、副业协调发展，取长补短，才能更好地调动社会各界的广泛参与。

3. 地域的差异性

我国幅员辽阔，森林分布地区广阔，各地区自然条件差异大，经济社会发展水平也不平衡，林业政策一定要符合广大林区的客观实际，因地施策，才能很好促进各地林业的有效发展。

4. 时代发展的同步性

随着经济社会的不断发展，人们对森林的认识和对森林的需求发生了变化。林业政策的目标也会发生变化，具体林业政策也要相应地进行修改和完善。随着以生态建设为主的林业发展战略的实施，林业政策应当适应时代发展的需要。政策价值取向要由具体的时代所确定，在森林多种效益之间以及相关利益者之间会存在一定的冲突，林业政策应当根据现时的价值取向来权衡利弊、处理矛盾，以实现林业三大效益的最大化。

5. 广泛的群众性

林业生产分布的地域广阔，林业又是一项重要的公益事业，林业建设者除了广大的当地社区居民，社会各界人士投资林业也日益活跃。林业生产的载体林地是农村集体经济组织的重要生产资料，因此，林业问题常常是涉及集体经济群众的利益。林业政策应体现广大人民群众的利益，充分调动社会各界人士参与林业建设的积极性。

二、林业政策的制定与实施

（一）林业政策的制定

林业政策的制定，是党和国家根据国民经济和社会发展的需要，经过一定的程序，对林业重大问题作出决策的专门活动。它是国家管理林业的一项重要活动，是党和国家指导林业发展的一项重要手段，关系到林业发展战略目标的实现。林业政策的制定，广义上也包括林业政策的修改和废止。

林业政策的制定机关，包括党中央、国务院、国务院林业主管部门和地方各级党委、政府和林业主管部门；全国和地方各级人民代表大会及其常务委员会、国民经济综合部门也制定一些有关的林业政策。从宏观上，党中央、国务院领导和部署全国和全局的林业工作，制定相应的政策，如《中共中央、国务院关于加快林业发展的决定》。国务院林业主管部门依据党中央和国务院的政策来制定具体的林业政策，指导和规范全国林业工作。各地方的党政及林业主管部门，依据党中央、国务院以及国务院林业主管部门的林业政策，结合本地的实际，在各自的职权范围内，制定适合本地区情况的林业政策。

制定林业政策，必须以马克思列宁主义、毛泽东思想、邓小平理论和"三个代表"重要思想为指导，遵循自然规律和经济规律的要求，坚持科学发展观、构建社会主义和谐社会为目标，从实际情况出发，充分考虑政策执行区域的自然条件、森林资源状况、经济社会发展现状和发展趋势、人民生活需要以及气候和生态环境变化趋势、林产品市场供需状况等，力求科学、明确、切实可行。

林业政策制定的过程，是一个集调查研究、规划设计、统筹决策于一体的综合过程。一般要经过提出问题、调查研究、方案起草、方案论证、征求意见、讨论审议、批准公布等程序。

（二）林业政策的实施

1. 林业政策实施的步骤

正确实施党和国家的各项林业政策，是我国林业持续、快速、健康发展的关键。林业政策制定出来，若不很好地组织实施，再好的政策也只能是"纸上谈兵"，不会产生任何有益于解决林业实际问题的效果。一般来说，林业政策实施主要有以下几个步骤：

（1）准备阶段

林业政策在实施前应做好充分、扎实的准备工作，以提高政策执行的效率，保证政策执行的质量，更好地实现政策目标。准备工作包括：思想准备、组织准备、物质准备。

① 思想准备　在实施前，采取有效措施，做好广泛的宣传动员工作，使执行者和广大人民群众正确理解政策的目标、意义、方法和步骤，积极、主动地参与和配合政策的执行，减少政策执行中的阻力。政策执行前，对执行中的各种问题要有充分和正确的估计，在思想上做好面对问题的准备，避免在政策执行过程中被动应付，以提高执行政策的效率。

② 组织准备　在实施前，要建立健全相关的组织机构，配备充足的人力，建立健全责、权、利相结合的高效工作机制，保证政策的有力实施。

③ 物质准备　在实施林业政策之前，要在经费、设备、设施等方面做好计划和落实，为政策的顺利实施提供资金和物质上的保证。

（2）实施阶段

林业政策的实施阶段，是将林业政策的具体内容，通过一系列的过程，落实到具体的执行者或执行对象，以实现政策的目标。政策实施往往在较长时间跨度内进行，在实施过程中各级管理者及参与者从事着实行、组织指挥、沟通协调、控制等方面的工作。

① 实行　是指在实施中，为了完成政策任务、达到政策目标，需要做的一些具体事务，如植树造林、兑现钱物或是巡山护林等。政策的实行者往往是林业直接的建设者或是基层的林业管理干部。实行是林业政策实施的最主要内容。

② 组织指挥　是指在实施政策过程中，按照政策的目标要求，林业主管机关对基层群众所进行的组织动员和指导工作。群众的生产实践活动和基层的业务工作，在管理者的组织指导下，形成一个整体，有序、有效地运转。

③ 沟通协调　林业政策的执行是一个自上而下、多部门、多机构、多主体协调开展的系统性工作。沟通是指林业政策、执行情况的信息传递、交流和反馈。有效的沟通，是各参与者了解政策信息和有关情况，保证政策实施主体准确把握政策实质、及时了解工作的开展情况，从而更好地安排自己的工作。协调是指在实施过程中，为了有效地实现政策目标，将各项活动加以调节，规范部门之间、不同主体之间相互协作的活动。通过协调，解决在政策执行中由于利益、认识、条件等不一致而产生的矛盾，推进政策顺利实施，实现政策总体目标。

④ 控制　对政策实施过程的控制，是指在实施过程中，对政策实施进行观察、检查并纠正偏差等调控工作。通过了解实际情况、掌握并安排政策实施中的各项工作进度，使政策实施的过程处于有效的管理之中。

（3）监督检查阶段

对政策实施的检查、监督要贯穿整个政策执行始终。监督是为了使政策实施不流于形式和偏离方向，以保证政策目标的真正实现。在政策执行过程中，对各项活动进行认真调查、核实、分析和处理，才能及时发现存在的问题并予以纠正，以保证政策的正确贯彻落实。

（4）分析评价阶段

实施一项林业政策，由于林业生产周期长的特点，往往需要较长的时间，政策往往是显现效果的同时仍在继续实施。因此，实施过程中对效果进行分析评价，不仅对已实施的部分进行总结、反馈，同时也可调整政策执行中的偏差，甚至修改政策，使之不断完善，以推进政策的继续贯彻实施。

2. 林业政策实施的方法

林业政策实施的方法，是指实施林业政策过程中用以解决和处理各种问题、保证林业政策朝着预定目标贯彻执行的各种专门方式、手段和措施的总和。林业政策的实施，主要依靠行政的、经济的、法律的、纪律的和思想教育等的方法。

（1）行政方法

行政方法是指在政策实施中，依靠行政组织、运用行政手段、按照行政方式，组织落实各项政策的方法。行政手段主要包括行政决议、决定、命令、纪律、指令性计划等。行政方法的特点是强制性、垂直性、无偿性、单一性、稳定性、具体性等。优点是便于集中统一、迅速有效地解决问题，达到目的，提高政策实施效率。缺点是缺乏灵活性，解决问题比较生硬、简单。

（2）经济方法

经济方法是指在政策实施中，遵循市场经济规律，运用经济杠杆等各种手段，来影响林业政策实施的参与者，以实现推动林业政策实施的目的。经济手段主要包括：财政手段、金融手段、汇率手段、经济管制手段等。经济方法的特点是间接性、有偿性、平等性、关联性等。

当前，我国林业建设中鼓励多种所有制经济、多种经济主体参与，只有正确运用并不断完善各种经济方法，才能更好地贯彻落实林业政策。

（3）法律方法

法律方法是指实施过程中，通过法律程序，将林业政策用法律的形式固定下来，通过立法、执法、司法的方式实施林业政策，以推动林业政策的实施。法律手段不仅仅是通过司法部门对违法行为制裁，它首先是通过法律、法规的制定和实施的行为，对林业政策实施的各环节、各方面进行控制、指导和监督。

法律方法的特点是严肃性、权威性、规范性。

法律方法在林业政策实施中具有特殊的意义和作用。行政方法、经济方法实际工作中往往都要通过法律方法，以法律形式表现出来，并对违犯者加以制裁。法律方法能发挥强大的威慑作用，保障林业政策的顺利实施。

（4）纪律方法

纪律方法是指实施过程中，要求人们严格遵守业已确立了的秩序，执行命令和履行自己职责，以实施林业政策。

任何社会主体都要求遵守一定的纪律，这是保证社会生活安定的必要手段。各种社会实践活动都有一定的规则、纪律以保证社会活动的顺利进行。各级政府及全体林业职工对国家和政府的政令措施必须坚决贯彻，令行禁止。严肃政纪，行政职能才能顺利实现。林业政策的实施是政府履行经济管理和社会服务职能的重要内容。在林业政策实施过程中，强调和充分发挥纪律的作用是必要的。

(5) 思想教育方法

思想教育方法是指在实施过程中，依靠宣传、教育、说服、精神鼓励等方式实施林业政策，以实现林业政策的目标。这是政策执行中经常广泛使用的一种手段。因为政策执行离不开人，而人是有思想的。林业政策的执行机关在党和社会舆论支持下，通过对林业政策的宣传，对林业政策实施过程中正、负面现象的表扬和批评，使各类林业政策的执行主体都自觉地按照政策的要求来行动，努力为实现林业政策目标而工作。

3. 实施林业政策过程中应注意的问题

在贯彻实施林业政策的过程中，要注意解决好几个方面的关系：

(1) 正确处理好实施林业政策与依法治林的关系

林业政策与林业法律法规是协调统一的，林业法律法规的制定要以林业政策为指导，林业政策要以法律为准绳，在实践中，要避免和克服把两者对立起来的错误观点和做法。任何片面强调政策的指导作用而忽视依法治林，或者只强调依法治林而忽视林业政策的做法都是有害的。

(2) 正确处理好林业政策的普遍性与因地制宜的关系

林业政策的执行在制定机关的管辖范围内应当是普遍适用的，由于林业地域差异的影响，各地执行政策时可能会采用一些适合于本地的变通做法。变通做法一是要在政策的允许范围内，同时更要注意方法的合理性和必要性，要严防以因地制宜为借口，搞"上有政策，下有对策"，影响林业政策的执行效果。

(3) 正确处理好林业政策与其他政策的关系

林业生产建设离不开"人、财、物"以及相关方面的专门政策的指导，在实施林业政策时，要注意处理好林业政策与这些专门政策之间的衔接和配合。

第二节　我国现行林业政策的主要内容

党和国家历来非常重视林业的发展，在不同时期实施发布了许多重要的林业政策性文件，对林业发展起到了重要指导作用。特别是 2003 年 6 月 25 日《中共中央、国务院关于加快林业发展的决定》，是今后相当一个时期指导我国林业发展的主要政策。

一、林业在经济社会发展中的重要地位

森林是陆地生态系统的主体。林业是一项重要的公益事业和基础产业，承担着生态建设和林产品供给的重要任务。必须把林业建设放在更加突出的

位置。在全面建设小康社会、加快推进社会主义现代化的进程中，必须高度重视和加强林业工作，努力使我国林业有一个大的发展。在贯彻可持续发展战略中，要赋予林业以重要地位；在生态建设中，要赋予林业以首要地位；在西部大开发中，要赋予林业以基础地位。

二、我国林业的历史性转变

随着经济发展、社会进步和人民生活水平的提高，社会对加快林业发展、改善生态状况的要求越来越迫切，林业在经济社会发展中的地位和作用越来越突出。林业不仅要满足社会对木材等林产品的多样化需求，更要满足改善生态状况、保障国土生态安全的需要。生态需求已成为社会对林业的第一需求。我国林业正处在一个重要的变革和转折时期，正经历着由以木材生产为主向以生态建设为主的历史性转变。要推进由以采伐天然林为主向以采伐人工林为主转变，由毁林开荒向局部地区退耕还林转变，由无偿使用森林生态效益向有偿使用森林生态效益转变，由部门办林业向全社会办林业转变。

三、大力推动林业生态建设

（一）我国林业生态建设进入重要阶段

目前，我国生态状况局部改善、整体恶化的趋势尚未根本扭转，土地沙化、湿地减少、生物多样性遭破坏等仍呈加剧趋势。乱砍滥伐林木、乱垦滥占林地、乱捕滥猎野生动物、乱采滥挖野生植物等现象屡禁不止，森林火灾和病虫害对林业的威胁仍很严重。林业管理和经营体制还不适应形势发展的需要。林业产业规模小、科技含量低、结构不合理，木材供需矛盾突出，林业职工和林区群众的收入增长缓慢，社会事业发展滞后。从整体上讲，我国仍然是一个林业资源缺乏的国家，森林资源总量严重不足，森林生态系统的整体功能还非常脆弱，与社会需求之间的矛盾日益尖锐，林业改革和发展的任务比以往任何时候都更加繁重。我国林业生态建设进入重要阶段，要不失时机地加大投入力度，广泛动员全社会力量，全面推进依法治林，大力应用高新技术，全力打好相持阶段攻坚战，努力由相持走向治理大于破坏、走向人与自然的和谐。

（二）林业建设实施分类指导

对林业建设分类指导，分区施策。例如，实施"东扩、西治、南用、北休"战略。由于我国地域辽阔,自然和经济社会条件十分复杂。根据区域的主要特点,可以从促进当地林业发展的角度提出主要对策,就某一区域而言,应该是扩、治、用、休多策并举,扩中有治、治中有用、用中有休、休中有扩。对部分地方而言,其主要矛盾与区域主要矛盾可能又有所不同。可考虑在条件具备的适宜地区,发展集约林业,增加林产品的有效供给,减轻生态建设压力。总之,要从是否促进当地林业发展,是否增加森林资源、提高森林质量,是否最大限度地发挥了林业的生态、经济和社会效益,来衡量林业工作水平。

四、新时期我国林业建设的指导思想、基本方针和主要任务

(一)林业建设的指导思想

以邓小平理论和"三个代表"重要思想为指导,贯彻落实科学发展观,确立以生态建设为主的林业可持续发展道路,建立以森林植被为主体、林草结合的国土生态安全体系,建设山川秀美的生态文明社会,大力保护、培育和合理利用森林资源,实现林业跨越式发展,使林业更好地为国民经济和社会发展服务。

(二)林业建设的基本方针

坚持全国动员,全民动手,全社会办林业。
坚持生态效益、经济效益和社会效益相统一,生态效益优先。
坚持严格保护、积极发展、科学经营、持续利用森林资源。
坚持政府主导和市场调节相结合,实行林业分类经营和管理。
坚持尊重自然和经济规律,因地制宜,乔灌草合理配置,城乡林业协调发展。
坚持科教兴林。
坚持依法治林。

(三)林业建设的主要任务和目标

通过管好现有林,扩大新造林,抓好退耕还林,优化林业结构,增加森林资源,增强森林生态系统的整体功能,增加林产品有效供给,增加林业职工和农民收入。

① 力争到 2010 年,使我国森林覆盖率达到 20%以上,大江大河流域的

水土流失和主要风沙区的沙漠化有所缓解，全国生态状况整体恶化的趋势得到初步遏制，林业产业结构趋于合理。

② 到2020年，使森林覆盖率达到23%以上，重点地区的生态问题基本解决，全国的生态状况明显改善，林业产业实力显著增强。

③ 到2050年，使森林覆盖率达到并稳定在26%以上，基本实现山川秀美，生态状况步入良性循环，林产品供需矛盾得到缓解，建成比较完备的森林生态体系和比较发达的林业产业体系。

实现上述目标，要努力保护好天然林、野生动植物资源、湿地和古树名木；努力营造好主要流域、沙地边缘、沿海地带的水源涵养林、水土保持林、防风固沙林和堤岸防护林；努力绿化好宜林荒山、地埂田头、城乡周围和道渠两旁；努力建设好用材林、经济林、薪炭林和花卉等商品林基地；努力建设好森林公园、城市森林和其他游憩性森林。同时，加快林业结构调整步伐，提高林业经济效益；加快林业管理体制和经营机制创新，调动社会各方面发展林业的积极性。

五、完善林业产权制度

进一步完善林业产权制度，是调动社会各方面积极性，促进林业更好更快发展的重要基础。

（一）进一步明确权属关系

① 对权属明确并已核发林权证的，要切实维护林权证的法律效力；对权属明确尚未核发林权证的，要尽快核发；对权属不清或有争议的，要抓紧明晰或调处，并尽快核发权属证明。退耕土地还林后，要依法及时办理相关手续。

② 已经划定的自留山，由农户长期无偿使用，不得强行收回。自留山上的林木，一律归农户所有。对目前仍未造林绿化的，要采取措施限期绿化。

③ 分包到户的责任山，要保持承包关系稳定。上一轮承包到期后，原承包做法基本合理的，可直接续包；原承包做法经依法认定明显不合理的，可在完善有关做法的基础上继续承包。新一轮的承包，都要签订书面承包合同，承包期限按有关法律规定执行。对已经续签承包合同，但不到法定承包期限的，经履行有关手续，可延长至法定期限。农户不愿意继续承包的，可交回集体经济组织另行处置。

④ 对目前仍由集体统一经营管理的山林，要区别对待，分类指导，积极探索有效的经营形式。不管采取哪种形式，都要经过本集体经济组织成员

的民主决策，集体经济组织内部的成员享有优先经营权。

a. 凡群众比较满意、经营状况良好的股份合作林场、联办林场等，要继续保持经营形式的稳定，并不断完善。

b. 对其他集中连片的有林地，可采取"分股不分山、分利不分林"的形式，将产权逐步明晰到个人。

c. 对零星分散的有林地，可将林木所有权和林地使用权合理作价后，转让给个人经营。

d. 对宜林荒山荒地，可直接采取分包到户、招标、拍卖等形式确定经营主体，也可以由集体统一组织开发后，再以适当方式确定经营主体；对造林难度大的宜林荒山荒地，可通过公开招标的方式，将一定期限的使用权无偿转让给有能力的单位或个人开发经营，但必须限期绿化。

（二）加快推进森林、林木和林地使用权的合理流转

在明确权属的基础上，国家鼓励森林、林木和林地使用权的合理流转，各种社会主体都可通过承包、租赁、转让、拍卖、协商、划拨等形式参与流转。

① 重点推动国家和集体所有的宜林荒山荒地荒沙使用权的流转。对尚未确定经营者或其经营者一时无力造林的国有宜林荒山荒地荒沙，也可按国家有关规定，提供给附近的部队、生产建设兵团或其他单位进行植树造林，所造林木归造林者所有。森林、林木和林地使用权可依法继承、抵押、担保、入股和作为合资、合作的出资或条件。

② 积极培育活立木市场，发展森林资源资产评估机构，促进林木合理流转，调动经营者投资开发的积极性。

③ 要规范流转程序，加强流转管理。认真做好流转的各项服务工作，及时办理权属变更登记手续，保护当事人的合法权益。

④ 在流转过程中，要坚决防止出现乱砍滥伐、改变林地用途、改变公益林性质和公有资产流失等现象。

六、植树造林，绿化祖国，开展全民义务植树

1981年12月13日，中华人民共和国第五届全国人民代表大会第四次会议审议通过了《关于开展全民义务植树运动的决议》。决议认为，植树造林，绿化祖国，是建设社会主义，造福子孙后代的伟大事业，是治理山河，维护和改善生态环境的一项重大战略措施。为了加速实现绿化祖国的宏伟目标，发扬中华民族植树爱林的优良传统，决定开展全民性的义务植树运动。凡是条件具备

的地方，年满11岁的中华人民共和国公民，除老弱病残者外，因地制宜，每人每年义务植树3~5棵，或者完成相应劳动量的育苗、管护和其他绿化任务。

深入开展全民义务植树运动，采取多种形式发展社会造林。不断丰富和完善义务植树的形式，提高适龄公民履行义务的覆盖面，提高义务植树的实际成效。

① 义务植树要实行属地管理，农村以乡镇为单位、城市以街道为单位，建立健全义务植树登记制度和考核制度。

② 进一步明确部门和单位绿化的责任范围，落实分工负责制，并加强监督检查。绿色通道工程要与道路建设和河渠整治统筹规划，合理布局，加快建设。城市绿化要把美化环境与增强生态功能结合起来，逐步提高建设水平。鼓励军队、社会团体、外商造林和群众造林，形成多主体、多层次、多形式的造林绿化格局。

七、抓好林业六大重点工程，实现林业跨越式发展

我国仍然是一个林业资源缺乏的国家，森林资源总量严重不足，森林生态系统的整体功能还非常脆弱，与社会需求之间的矛盾日益尖锐，林业改革和发展的任务比以往任何时候都更加繁重。

要实现林业的跨越式发展，必须坚持不懈地搞好林业重点工程建设，走以大工程带动大发展的路。

① 加大力度实施天然林保护工程，严格天然林采伐管理，进一步保护、恢复和发展长江上游、黄河上中游地区和东北、内蒙古等地区的天然林资源。

② 认真抓好退耕还林（草）工程，切实落实对退耕农民的有关补偿政策，鼓励结合农业结构调整和特色产业开发，发展有市场、有潜力的后续产业，解决好退耕农民的长远生计问题。

③ 继续推进"三北"、长江等重点地区的防护林体系工程建设，因地制宜、因害设防，营造各种防护林体系，集中治理好这些地区不同类型的生态灾害。

④ 切实搞好京津风沙源治理等防沙治沙工程，通过划定封禁保护区、种树种草、小流域治理、舍饲圈养、生态移民、合理利用水资源等综合措施，保护和增加林草植被，尽快使首都及主要风沙区的风沙危害得到有效遏制。

⑤ 高度重视野生动植物保护及自然保护区工程建设，抓紧抢救濒危珍稀物种，修复典型生态系统，扩大自然保护面积，提高保护水平，切实保护好我国的野生动植物资源、湿地资源和生物多样性。

⑥ 加快建设以速生丰产用材林为主的林业产业基地工程，在条件具备

的适宜地区，发展集约林业，加快建设各种用材林和其他商品林基地，增加木材等林产品的有效供给，减轻生态建设压力。

八、建设比较完备的生态体系和比较发达的产业体系

林业兼有生态、经济和社会三大效益。林业建设必须兼顾三大效益，以生态建设为主的前提下，生态建设和产业建设协调发展，共同推进。

① 建设完备的林业生态体系，必须发展和保护并重。以大工程带动大发展，构建生态体系的主体骨架；以全面的造林绿化，丰富林业生态体系的脉络。同时，要保护好森林资源，巩固生态建设的成果。

② 建设发达的林业产业，必须加快推进林业产业结构升级。适应生态建设和市场需求的变化，推动产业重组，优化资源配置，加快形成以森林资源培育为基础、以精深加工为带动、以科技进步为支撑的林业产业发展新格局。

a. 鼓励以集约经营方式，发展原料林、用材林基地。积极发展木材加工业尤其是精深加工业，延长产业链，实现多次增值，提高木材综合利用率。

b. 强调发展名特优新经济林、生态旅游、竹藤花卉、森林食品、珍贵树种和药材培植以及野生动物驯养繁殖等新兴产品产业，培育新的林业经济增长点。

c. 充分发挥我国地域辽阔、生物资源和劳动力丰富的优势，大力发展特色出口林产品。

九、实行分类经营，提高营林水平

在充分发挥森林多方面功能的前提下，按照主要用途的不同，将全国林业区分为公益林业和商品林业两大类，分别采取不同的管理体制、经营机制和政策措施。

① 改革和完善林木限额采伐制度，对公益林业和商品林业采取不同的资源管理办法。

② 公益林业要按照公益事业进行管理，以政府投资为主，吸引社会力量共同建设；商品林业要按照基础产业进行管理，主要由市场配置资源，政府给予必要扶持。凡纳入公益林管理的森林资源，政府将以多种方式对投资者给予合理补偿。

③ 要逐步改变现行的造林投入和管理方式，在进一步完善招投标制、报账制的同时，安排部分造林投资，探索直接收购各种社会主体营造的非国

有公益林。

④ 公益林建设投资和森林生态效益补偿基金，按照事权划分，分别由中央政府和各级地方政府承担。

十、改革林业税费制度，减轻林业负担

减轻林业税费负担，继续执行国家已经出台的各项林业税收优惠政策，并予以规范。

① 按照农村税费改革的总体要求，逐步取消原木、原竹的农业特产税。取消对林农和其他林业生产经营者的各种不合理收费。

② 改革育林基金征收、管理和使用办法，征收的育林基金要逐步全部返还给林业生产经营者，基层林业管理单位因此出现的经费缺口由财政解决。

十一、加大政府投入，拓宽资金渠道

（一）加大政府对林业建设的投入

要把公益林业建设、管理和重大林业基础设施建设的投资纳入各级政府的财政预算，并予以优先安排。

① 对关系国计民生的重点生态工程建设，国家财政要重点保证；地方规划的区域性生态工程建设投资，要纳入地方财政预算；部门规划的配套生态工程建设投资，要纳入相关工程的总体预算。

② 森林生态效益补偿基金分别纳入中央和地方财政预算，并逐步增加资金规模。

③ 以工代赈、农业综合开发等财政性支农资金，要适当增加对林业建设的投入。对重点地区速生丰产用材林基地建设和珍贵树种用材林建设中的森林防火、病虫害防治和优良种苗的开发推广等社会性、公益性建设，由国家安排部分投资。

④ 逐步规范各项生态工程建设的造林补助标准。随着重点国有林区改革的逐步深入，有关地方政府要承担起原来由森工企业承担的社会事业投入，国家给予必要支持。

（二）加强对林业发展的金融支持

① 国家继续对林业实行长期限、低利息的信贷扶持政策，具体贷款期限

可根据林木的生长期由银行和企业协商确定，并视情况给予一定的财政贴息。

② 有关金融机构对个人造林育林，要适当放宽贷款条件，扩大面向农户和林业职工的小额信贷和联保贷款。林业经营者可依法以林木抵押申请银行贷款。鼓励林业企业上市融资。

（三）放手发展非公有制林业

国家鼓励各种社会主体跨所有制、跨行业、跨地区投资发展林业。

① 凡有能力的农户、城镇居民、科技人员、私营企业主、国外投资者、企事业单位和机关团体的干部职工等，都可单独或合伙参与林业开发，从事林业建设。

② 进一步明确非公有制林业的法律地位，切实落实"谁造谁有、合造共有"的政策。

③ 统一税费政策、资源利用政策和投融资政策，为各林业经营主体创造公平竞争的环境。

十二、增强科技支撑，加大人才培养

① 加强林业科技工作。要重视林业科学基础研究、应用研究和高新技术开发，提高林业的科技创新能力。

a. 重点研发林木良种选育、条件恶劣地区造林、重大森林病虫害防治、防沙治沙、森林资源与生态监测、种质资源保存与利用、林农复合经营、林火管理与控制及主要经济林产品加工转化等关键性技术。

b. 抓好林业重点实验室、野外重点观测台站、林业科学数据库和林业信息网络建设。林业重点工程建设与林业技术推广要同步设计、同步实施、同步验收。

c. 深化林业科技体制改革，国家在扶持基础性、公益性林业科学研究的同时，积极推动科学研究和技术推广走向市场。鼓励林业科研院所、大专院校广大科技人员，通过创办科技型企业、建立科技示范点、开展科技承包和技术咨询服务等形式，加快科技成果转化。

d. 要加强林业技术推广服务体系建设，稳定科技工作队伍。对林业科学研究、新技术推广和新产品开发等方面有突出贡献的单位和个人，要给予重奖。

e. 完善相关政策，推动林科教、技工贸相结合。积极推进林业标准化工作，建立健全林业质量标准和检验检测体系。开展林业科技领域的国际交流与合作。

② 根据林业生产和建设的特点,建立各类林业人才教育和培训体系。切实加大对林业职工的培训力度,提高林业建设者的整体素质。

十三、坚持和扩大对外开放

① 充分利用国内外两个市场、两种资源,加快林业发展。针对我国林业基础薄弱、建设任务繁重的情况,要加大引进力度,着力引进资金、资源、良种、技术和先进管理经验。

② 扩大林业利用外资规模,鼓励外商投资造林和发展林产品加工业。

③ 制定有利于扩大林产品出口的政策,完善林产品出口促进机制,提高我国林产品的国际竞争力。

④ 坚持实施"走出去"战略,加强海外林业开发。积极开展森林认证工作,尽快与国际接轨。

⑤ 开展国际森林保护活动,认真履行国际义务。采取有效措施,加强对我国种质资源的保护和输出管理,防止境外有害生物传入。认真履行有关国际公约,加强生态保护领域的国际交流与合作。

【思考与练习】

1. 集体林权制度改革的主要措施有哪些?
2. 林业建设的方针是什么?
3. 什么是林业政策?
4. 林业政策与林业法规有什么区别?
5. 简述我国林业新时期林业发展的主要任务。
6. 简述林业政策的制定主体和制定原则。

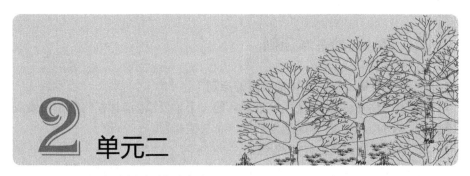

单元二

森林法律制度

第一节 森林法概述

一、立法概况

森林法是以保护、培育和合理利用森林资源，加快国土绿化，发挥森林涵养水源、保持水土、调节气候、改善环境和提供林产品的作用，适应社会主义建设和人民生活的需要为目的，调整林业生产和生态环境建设领域内国家机关、企业事业单位、其他组织相互之间以及它们与自然人之间的经济关系的法律规范的总称。制定森林法是为了保护、培育和合理利用森林资源，加快国土绿化，发挥森林蓄水、保土、调节气候、改善环境和提供林产品的作用，以适应社会主义建设和人们生活的需要。

我国于1984年9月20日第六届全国人民代表大会常务委员会第七次会议通过了《中华人民共和国森林法》（以下简称《森林法》），1998年4月29日第九届全国人民代表大会常务委员会第二次会议通过了《全国人民代表大会常务委员会关于修改〈中华人民共和国森林法〉的决定》，自1998年7月1日起施行。2000年1月29日国务院278号令颁布了《中华人民共和国森林法实施条例》。此外，与之相关的法律，还有国务院于1989年12月颁布的《森林病虫害防治条例》，把森林病虫害防治工作纳入了法制轨道，使森林保护工作走向规范化和制度化。1988年3月15日实施的《森林防火条例》，对有效预防和扑救森林火灾，保护森林资源，促进林业发展，维护自然生态平衡起到了积极作用。

二、森林法的基本原则

1．稳定森林、林木、林地权属的原则

林权不稳是森林资源遭受严重破坏的一个重要原因，林权问题是关系我国林业是否能够稳定、迅速地发展的一个关键问题。

2．依靠全体人民办林业的原则

依靠全体人民，实行全社会办林业，是从我国国情、林情出发，走有中国特色林业建设道路的根本选择。

3．以营林为基础、永续利用的原则

在林业生产和生态环境建设中，必须把当前利益和长远利益结合起来，把经济效益和生态效益、社会效益结合起来，克服重采伐轻营林的经营思想，把整个林业工作建立在营林的基础上，使我国林业走上可持续发展的轨道。

4．严格控制森林资源消耗的原则

要改善我国的生态环境并使森林资源能永续利用，一方面要大力造林育林，另一方面必须严格地控制森林资源的消耗，有效地制止过度采伐和乱砍滥伐的行为。

5．对林业给予经济扶持的原则

新中国成立后相当长一段时期，人们忽视对林业生产和生态环境建设事业的投入。发展林业决不能"重取轻予"。国家和各级地方人民政府以及社会的各个方面，应加大对林业生态环境建设的投入，对林业给予经济扶持。

6．依法从严治林的原则

我国是少林的国家，而且森林资源破坏严重，生态环境脆弱，必须严格保护森林，依法从严治林，对破坏森林资源和林业生产管理秩序的违法犯罪行为给予坚决的打击，依法追究违法者的法律责任。

7．保护林农、承包造林者和其他林业生产经营者的合法权益的原则

保护林农和承包造林的集体和个人的合法权益，直接关系到林农和承包造林的集体和个人的生产积极性，也关系到保护森林资源及林业生产持续、稳定的发展和国家的长治久安。

第二节　林权、林地管理的法律制度

一、林权的概念与特征

森林、林木、林地的权属，通常称为林权，有时亦称为森林、林木、林地的所有权或者使用权，是指森林、林木、林地的所有者或使用者依法对森林、林木、林地的占有、使用、收益和处分的权利。林权一般有广义与狭义之分。广义的林权不仅包括森林、林木的内容，还包括林地的内容，即森林、林木、林地的所有者或使用者对森林、林木、林地的占有、使用、收益、处分的权利。狭义的林权则不具有林地的内容，即森林、林木的所有者或使用者对森林、林木的占有、使用、收益和处分的权利。通常情况下所说的林权是广义的。广义的林权也被人们称为"山林权"。在实际中，有时把国有森林经营单位依法对授予其经营管理的森林、林木、林地的占有、使用、收益和依法处分的权利称为"经营管理权"。

森林、林木、林地的使用权是所有权中的主要内容。实践中，森林、林木、林地的所有权和使用权在很多情况下是分离的，所以，森林、林木、林地的使用权具有特别重要的意义。

二、林权的主体和客体

1. 林权的主体

林权的主体是指森林、林木、林地的所有者或使用者。根据我国《中华人民共和国宪法》（以下简称《宪法》）、《森林法》和《中华人民共和国土地管理法》（以下简称《土地管理法》）的有关规定，森林所有权的主体是国家或者集体；林木所有权的主体是国家、集体、个人；林地所有权的主体是国家或者集体。也就是说，在我国，森林归国家或者集体所有，公民个人不享有森林的所有权；林木可以归国家、集体所有，也可以归公民个人所有；林地归国家或者集体所有，公民个人没有林地的所有权，但可以依法享有林地的使用权。森林、林木、林地使用权的主体可以是国家、集体或者公民个人。

2. 林权的客体

林权的客体是林权所指向的具体物，包括森林、林木、林地。林权的客体具有以下法律特征：

① 森林、林木、林地是可分物　可分物是指分开以后并不影响也不改变其固有属性的所有物。森林、林木、林地可以依照有关规定进行分割。如

发生林权争议时，可根据有关法律规定，把森林、林木、林地划归不同的当事人所有或者使用。

② 森林和林地属于限制流转物　限制流转物是指在其所有权转移时要受到特别的限制，必须遵守有关法律法规的规定的所有物。根据有关法律规定，国家所有的和法律规定属于集体所有的林地不得买卖或者违法转让；进行各项建设工程必须占用或者征用林地的，必须按法定程序办理建设用地审批手续；森林和林地的权属如果发生改变，应当依法办理相应的变更登记手续。

三、森林、林木、林地的所有权和使用权的形式

（一）森林、林木、林地所有权的主要形式

1．国家所有权

我国《宪法》第 9 条规定："矿藏、水流、森林、山岭、草原、荒地、滩涂等自然资源，都属于国家所有，即全民所有；由法律规定属于集体所有的森林和山岭、草原、荒地、滩涂除外。"《森林法》第 3 条规定："森林资源属于国家所有，由法律规定属于集体所有的除外。"国家林权是国家所有的森林、林木、林地在法律上的表现。国家所有的森林、林木、林地在整个国家财产中占有十分重要的地位，是发展我国林业的主要物质基础。

2．集体所有权

按照《宪法》和《森林法》的规定，法律规定属于集体所有的森林、林木、林地，属于集体所有。集体所有的森林、林木、林地在我国森林资源中占有十分重要的地位。依法保护和合理利用集体所有的森林、林木、林地，是我国林业建设事业的重要内容。

集体所有的森林、林木、林地的所有者，是该集体经济组织，而不是该组织的成员。只有集体经济组织才有权依照法律的规定及集体经济组织全体成员的决定来行使对集体所有的森林、林木、林地的占有、使用、收益和处分的权利。集体所有的森林、林木、林地受国家法律保护，任何单位和个人都不得侵占和无偿占有。

3．个人所有的林木

根据《民法通则》和《森林法》的规定，个人所有的林木，主要是指农村居民在房前屋后、自留地、自留山和农村集体经济组织指定的其他地方种植的林木；在以承包或者其他合法方式取得使用权的林地上和在承包的荒山、荒地、荒滩上种植的林木，按合同约定归个人所有的部分；城镇居民在

自有房屋庭院内种植的树木。

公民个人的林木所有权和林地使用权受法律保护。这不仅是对公民个人财产和其他合法权益的保护，而且有利于调动广大农民植树造林的积极性。

（二）森林、林木、林地使用权的主要形式

根据我国《宪法》《民法通则》《土地管理法》和《森林法》的规定，森林、林木、林地使用权的形式多种多样，但主要有以下几种：

① 国家所有的森林、林木、林地由国有单位使用，该单位依法享有对所使用的森林、林木、林地的占有、使用、收益和部分处分的权利，但不拥有所有权。例如，国务院确定的重点国有林区的森林、林木、林地，由国有企事业单位经营，由国务院林业主管部门监督管理；其他国家所有的森林、林木、林地由国有企事业单位经营，由所在地的县级以上人民政府林业主管部门监督管理。

② 国家所有的森林、林木、林地由集体以合法形式（如联营、承包、租赁等形式）取得森林、林木、林地的使用权。

③ 集体所有的林地由国有林业单位使用，该单位没有所有权，但依法拥有使用权。

④ 公民、法人或者其他组织依法使用国家所有或者集体所有的林地发展林业生产的，如采取承包、租赁、转让等形式依法取得林地的使用权，但不拥有所有权。

四、森林、林木、林地权属的确认与权属证书的发放

《森林法》第 3 条规定："国家所有的和集体所有的森林、林木和林地，个人所有的林木和使用的林地，由县级以上地方人民政府登记造册，发放证书，确认所有权或者使用权。国务院可以授权国务院林业主管部门，对国务院确定的国家所有的重点林区的森林、林木和林地登记造册，发放证书，并通知有关地方人民政府。"《森林法实施条例》规定：国家依法实行森林、林木和林地登记发证制度；森林、林木和林地的权属证书式样由国务院林业主管部门规定。

《森林法实施条例》和国务院林业主管部门发布的《林木和林地权属登记管理办法》分别不同情况，对使用国有的森林、林木和林地，集体所有的森林、林木和林地，以及单位和个人所有或者使用的森林、林木和林地的登记发证程序作了明确规定。

1. 依法使用国有森林、林木和林地的登记程序

① 使用国务院确定的国有重点林区（目前主要是指东北、内蒙古国有

林区）的森林、林木和林地的，由使用单位向国务院林业主管部门提出登记申请，由国务院林业主管部门登记造册，核发证书，确认森林、林木和林地使用权以及由使用者所有的林木所有权。

② 使用国有的跨行政区域的森林、林木和林地的，由使用的单位和个人向共同的上一级人民政府林业主管部门提出登记申请，由该人民政府登记造册，核发证书，确认森林、林木和林地使用权以及由使用者所有的林木所有权。

③ 使用国有的其他森林、林木和林地的，由使用单位和个人向所在地的县级以上地方人民政府林业主管部门提出登记申请，由县级以上地方人民政府登记造册，核发证书，确认森林、林木和林地使用权以及由使用者所有的林木所有权。

2．集体所有的森林、林木和林地的登记程序

集体所有的森林、林木和林地，由所有者向所在地的县级人民政府林业主管部门提出登记申请，由该县级人民政府登记造册，核发证书，确认所有权。

3．单位和个人所有的林木的登记程序

单位和个人所有的林木，由所有者向所在地的县级人民政府林业主管部门提出登记申请，由该县级人民政府登记造册，核发证书，确认林木所有权。

4．使用集体所有的森林、林木和林地的登记程序

使用集体所有的森林、林木和林地的单位和个人，向所在地的县级人民政府林业主管部门提出登记申请，由该县级人民政府登记造册，核发证书，确认森林、林木和林地使用权。

5．林权权利人提出登记申请应提交的文件

① 林权登记申请表。

② 个人身份证明、法人或者其他组织的资格证明、法定代表人或者负责人的身份证明、法定代理人或者委托代理人的身份证明和载明委托事项及委托权限的委托书。

③ 申请登记的森林、林木和林地权属证明文件。

④ 省、自治区、直辖市人民政府林业主管部门规定要求提交的其他有关文件。

6．登记机关及其主要职责

① 县级以上林业主管部门依法履行林权登记职责，林权登记包括初始、变更和注销登记。

② 登记机关应当对林权权利人提交的申请登记材料进行初步审查，认为提交的申请材料符合规定的，应当予以受理；认为不符合规定的，应当说明不受理的理由或者要求林权权利人补充材料。

③ 登记机关对已经受理的登记申请，应当自受理之日起 10 个工作日内，在森林、林木和林地所在地进行公告，公告期为 30 日。

④ 对经审查符合下列四项条件的登记申请，登记机关应当自受理申请之日起 3 个月内予以登记：申请登记的森林、林木和林地位置、四至界限、林种、面积或者株数等数据准确；林权证明材料合法有效；无权属争议；附图中标明的界桩、明显地物标志与实地相符合。

⑤ 对经审查不符合规定条件的登记申请，登记机关应当不予登记，并以书面形式向提出登记申请的林权权利人告知不予登记的理由。

⑥ 在公告期内，有关利害关系人如对登记申请提出异议，登记机关应当对其所提出的异议进行调查核实。

⑦ 对于经过登记机关审查准予登记的申请，应当及时核发林权证。

7. 森林、林木、林地所有权或者使用权的变更登记

森林、林木和林地所有权或者使用权经登记并确认了权属以后，会因各种情况而发生变化。例如，因依法征用或者占用林地将林地变为非林地，因合资、合作造林等使森林、林木和林地的所有权人或者使用权人发生变化等。这些森林、林木和林地的所有权或者使用权发生变化后，应当依法办理变更登记手续。

依法登记的森林、林木和林地的所有权、使用权，受法律保护。依法登记并发放的林权证书，是确认森林、林木和林地所有权或者使用权的法律凭证。

五、森林、林木、林地使用权的流转

森林、林木、林地使用权的流转是指森林、林木、林地的使用权的依法转让。随着我国社会主义市场经济体制的建立和林业改革的深入，森林、林木、林地使用权作为生产要素进入市场流转是必然趋势。

森林、林木、林地和宜林荒山荒地的流转已在各地开展起来。例如，许多地方的农村集体经济组织和承包山林的农民个人将其经营的森林、林木或者林地使用权作价入股，联合经营；一些地方面向社会各界将宜林荒山荒地使用权以拍卖等方式交由单位、个人造林、营林；有的地方将林地使用权以出租方式吸引外商投资，营造速生的用材林。这些在生产实践中产生的新的营林方式，有利于调动林业生产者的积极性，有利于加快林业规模经营、集约经营的发展，有利于吸引国内外的资金用于林业生产。

1. 森林、林木、林地使用权流转的对象及其范围

根据《森林法》第 15 条的规定，国家允许森林、林木、林地作为资产转让，或者将其作价入股，作为合资、合作条件的是下列森林、林木的所有权、使用权和林地的使用权；用材林、经济林、薪炭林；用材林、经济林、薪炭林的林地使用权；用材林、经济林、薪炭林的采伐迹地、火烧迹地的林地使用权；国务院规定的其他森林、林木和其他林地使用权（如经批准的特种用途林中的某些风景林的林木和林地使用权等）。并不是所有的森林、林木、林地使用权都可以转让。除上述规定的情形外，其他森林、林木和其他林地使用权不得转让。

2. 森林、林木、林地使用权流转的标的和形式

流转的标的有林木（活立木）的所有权和林地使用权。二者可以分别转让，也可以同时转让。此外，将森林、林木、林地使用权有偿转让或者作为合资、合作的条件的，转让方或者出资方已经取得的林木采伐许可证仍然具有法律效力，当然也可以同时转让。

3. 森林、林木、林地使用权流转的条件限制

对森林、林木、林地使用权的有偿转让，《森林法》规定了两种限制：一是用途限制，即转让森林、林木、林地使用权后不得改变林地的用途，不得将林地改为非林地，防止森林资源因转让而流失；二是经营限制，即转让双方都必须遵守关于森林、林木采伐和更新造林的规定，防止在转让过程中森林资源受到破坏。

六、森林、林木、林地权属争议处理

（一）森林、林木、林地权属争议的概念和性质

森林、林木、林地权属争议（简称林权争议）是森林、林木、林地的所有者或使用者就占有、使用、收益和处分森林、林木、林地问题所发生的争执或纠纷。

林权争议的焦点是森林、林木、林地的所有权或使用权的归属问题，其性质属于财产权益争议的民事纠纷范畴，应按照法律规定的程序处理。

林权争议问题如果不能及时、有效地解决，容易导致对森林的乱砍滥伐，破坏或影响林业的正常生产经营活动，不仅侵害经营者的权益，也损害国家的利益，还会影响安定团结，甚至可能导致群众械斗和严重破坏森林资源的情况发生。因此，依法及时、正确地处理林权争议，对于保护森林资源，发展林业生产，具有很重要的意义。

（二）林权争议的解决方法

1. 林权争议的当事人协商解决

协商解决是实践中解决林权争议的主要方法。在不违反国家法律、政策

的前提下，本着互谅互让、公平合理、有利于生产和生活的原则，从安定团结的大局出发，当事人之间主动协商解决。既有利于争议的解决，又不影响团结，也便于执行。当事人之间协商解决的林权争议，应当通过协议来确认，并将协议上报县级以上人民政府办理确认权属的登记手续。

2. 林权争议的行政解决

林权争议的行政解决，即人民政府依法处理林权争议，必须符合两个条件：一是，当事人未经协商或者协商没有解决的；二是，未经人民法院审理的。

根据《森林法》第17条规定，单位之间发生的林权争议，应由县级以上人民政府依法处理；个人之间、个人与单位之间发生的林权争议，应由当地县级或者乡级人民政府依法处理。处理林权争议应遵循的原则是：尊重历史和现实情况，有利于安定团结，有利于保护、培育和合理利用森林资源，有利于群众的生产、生活。林权争议处理的机构是各级人民政府设立的林权争议处理机构。

当事人经协商未达成协议或不愿协商解决的，任何一方均可向有处理权的人民政府林权争议处理机构申请处理。处理程序是：

① 当事人递交有关林木、林地权属争议处理的书面申请，其内容应当包括：当事人的姓名、地址及法定代表人的姓名、职务；争议的现状，包括争议面积、林木蓄积，争议地所在的行政区域位置、四至和附图；争议的事由，包括发生争议的时间、原因；当事人之间协商的意见。

② 当事人对提出的主张应当出具证据，如提供林权证、土地证等权属证明，不能出具证据的，不影响处理机构依据有关规定和证据认定争议事实。

③ 由林权争议处理机构进行调解，经调解达成协议的，当事人应当在协议上签字或盖章，并由调解人员署名，加盖林权争议处理机构的印章，报同级人民政府备案；经调解未达成协议的，林权争议处理机构应当制作处理意见书，由人民政府作出决定。

根据《中华人民共和国行政复议法》第6条第4项关于"对行政机关作出的关于确认土地、矿藏、水流、森林、山岭、草原、荒地、滩涂、海域等自然资源的所有权或者使用权的决定不服的"的规定，当事人对人民政府处理的林权争议不服的，可以向上一级人民政府申请行政复议。另外，根据《中华人民共和国行政复议法》第30条第2款的规定，根据国务院或者省、自治区、直辖市人民政府对行政区划的勘定、调整或者征用土地的决定，省、自治区、直辖市人民政府确认土地、矿藏、水流、森林、山岭、草原、荒地、滩涂、海域等自然资源的所有权或者使用权的行政复议决定为最终裁决。

林权争议经人民政府处理以后，也要依法由县级以上人民政府登记造册，核发证书，确认权属。

3．林权争议的诉讼解决

根据《中华人民共和国行政复议法》第30条第1款关于"公民、法人或者其他组织认为行政机关的具体行政行为侵犯其已经依法取得的土地、矿藏、水流、森林、山岭、草原、荒地、滩涂、海域等自然资源的所有权或者使用权的，应当先申请行政复议；对行政复议决定不服的，可以依法向人民法院提起行政诉讼"，当事人对有关人民政府作出的林权争议处理决定不服的，应当先申请行政复议；对林权争议决定的行政复议决定不服的，可以依法向人民法院起诉。

林权争议当事人一方或者双方因不服人民政府作出林权争议的行政复议决定而向人民法院提起诉讼的，有关人民法院应当受理。人民法院对这类案件的受理和审理，应当适用行政诉讼法的规定，即作为行政诉讼案件受理。

林权争议经人民法院依法审理完毕，由县级以上人民政府根据人民法院的判决或者裁定登记造册，核发证书，确认权属，予以法律保护。

在林权争议解决之前，任何一方都不得砍伐有争议的林木。有争议的林木、林地在争议处理过程中，应当保持原状。另外，如果发生以林权争议为借口，实施侵权行为或者破坏森林资源行为的，则不能用解决林权争议的方法处理，必须依法予以制裁。

七、占用或者征用林地的法律制度

林地，包括郁闭度0.2以上的乔木林地以及竹林地、灌木林地、疏林地、采伐迹地、火烧迹地、未成林造林地、苗圃地和县级以上人民政府规划的宜林地。林地是森林资源的重要组成部分。我国是一个少林的国家，我国人口占世界人口的22%，但森林面积只占世界森林总面积的4.6%，而且多年来林地被随意侵占的现象十分严重。为了在保证国家建设用地需要的同时，避免非法侵占、破坏林地，《森林法》对占用林地和征用林地问题作出了严格的规定。

1．占用林地与征用林地的概念

占用林地是指国有企业事业单位、机关、团体、部队等单位因勘查、开采矿藏和各项建设工程的需要，依法使用国家所有的林地。征用林地是指国有企事业单位、机关、团体、部队等单位因进行勘查、开采矿藏和各项建设工程的需要，依法使用集体所有的林地。

国家十分重视对林地的保护。《森林法》规定，进行勘查、开采矿藏和各项建设工程，应当不占或者少占林地。只有始终坚持不占或者少占林地的原则，像保护耕地一样保护林地，才能更好地保护有限的森林资源，从而使林业在现有基础上得到更大的发展。

2．占用或者征用林地的审批程序

根据《森林法》和《森林法实施条例》的规定，勘查、开采矿藏和修筑道路、水利、电力、通讯等工程，需要占用或者征用林地的，用地单位须办理以下手续：

① 向县级以上林业主管部门提出用地申请，填写《使用林地申请表》，同时提供以下材料：项目批准文件；被占用或者被征用林地的权属证明材料；有资质的设计单位作出的项目使用林地可行性报告；与被占用或者被征用林地的单位签订的林地、林木补偿费和安置补助费协议。

② 经县级以上林业主管部门审核同意后，按照国家规定的标准预交森林植被恢复费，领取《使用林地审核同意书》。

③ 凭《使用林地审核同意书》依照国家有关土地管理的法律、行政法规办理建设用地审批手续。

占用或者征用防护林林地或特种用途林林地面积 $10hm^2$ 以上的用材林、经济林、薪炭林林地及其采伐迹地面积 $35hm^2$ 以上的，其他林地面积 $70hm^2$ 以上的，由国务院林业主管部门审核；占用或者征用林地面积低于上述数量的，由省级人民政府林业主管部门审核。占用或者征用国家重点林区的林地的，由国务院林业主管部门审核。

国务院林业主管部门委托的单位和县级以上地方人民政府林业主管部门对用地单位提出的申请，应当在收到申请或上报材料后 15 个工作日内提出审核意见。

需要强调的是，《森林法》关于占用或者征用林地必须经林业主管部门审核同意的规定，是国家进一步加大对林地保护的力度的体现。《森林法实施条例》明确规定，占用或者征用林地未经林业主管部门审核同意的，土地行政主管部门不得受理建设用地申请。

3．占用或者征用林地的补偿制度

占用或者征用林地的用地单位必须依照国务院有关规定缴纳森林植被恢复费。森林植被恢复费专款专用，由林业主管部门依照有关规定统一安排植树造林，恢复森林植被，植树造林面积不得少于因占用或者征用林地而减少的森林植被面积。

根据土地管理等有关法律、法规的规定，占用或者征用林地的用地单位还应当按规定支付林地补偿费、林木补偿费和安置补助费，具体征收办法和标准按各省、自治区、直辖市的具体规定执行。

4. 临时占用林地

对于需要临时占用林地的，应当经县级以上人民政府林业主管部门批准。临时占用林地的期限不得超过两年；不得在临时占用的林地上修筑永久性建筑物；占用期满后，用地单位必须恢复林业生产条件。

根据国家林业局发布的《占用征用林地审核审批管理办法》，临时占用防护林或者特种用途林地面积 $5hm^2$ 以上，其他林地面积 $20hm^2$ 以上的，由国务院林业主管部门审批；临时占用防护林或者特种用途林林地面积 $5hm^2$ 以下，其他林地面积 $10hm^2$ 以上 $20hm^2$ 以下的，由省、自治区、直辖市人民政府林业主管部门审批；临时占用除防护林和特种用途林以外的其他林地面积 $2hm^2$ 以上 $10hm^2$ 以下的，由设区的市和自治州人民政府林业主管部门审批；临时占用除防护林和特种用途林以外的其他林地面积 $2hm^2$ 以下的，由县级人民政府林业主管部门审批。

5. 森林经营单位占用林地修筑工程设施

国有森林经营单位在所经营的林地范围内修筑直接为林业生产服务的工程设施，需要占用林地的，由省、自治区、直辖市人民政府林业主管部门批准，其中国务院确定的国有重点林区内国有森林经营单位需要占用林地的，由国务院林业主管部门或其委托的单位批准；其他森林经营单位需要占用林地的，由县级人民政府林业主管部门批准。

"直接为林业生产服务的工程设施"是指：培育、生产种子、苗木的设施；贮存种子、苗木、木材的设施；集材道、运材道；林业科研、试验、示范基地；野生动植物保护、护林、森林病虫害防治、森林防火、木材检疫的设施；供水、供电、供热、供气、通信基础设施等。

森林经营单位在林地修筑不是直接为林业生产服务的其他工程设施，需要将林地转为非林业建设用地的，必须依法办理建设用地审批手续。

6. 农村居民占用林地修建住宅

农村居民按照规定标准修建自用住宅需要占用林地的，应当以行政村为单位编制规划，落实地块，按照年度向县级人民政府林业主管部门提出申请，经过依法审查，在逐级报省（自治区、直辖市）人民政府林业主管部门审核同意后，由行政村依照有关土地管理的法律、法规办理用地审批手续。

> **案例分析**
>
> 【基本案情】1999 年 5 月，某村甲村民小组将小洋山出租给一个体老板时，与乙村民小组之间发生小洋山权属争议，向县政府提出处理申请。县政府受理后，派

员进行实地调查,并多次召集双方代表进行协商调解,但双方各持己见,无法达成协议。因为双方都持有 1981 年的注明为"小洋山"的《山林所有权证》。经进一步调查查明:①双方所持的《山林所有权证》都是合法凭证。②乙所持的林权证注明的四至界址与争议地不符,而甲的林权证注明的四至界址与争议地均相符合。③乙所持的林权证注明的四至界址与另一处名为"小阳山"的四至相符。据此,县政府于 1999 年 12 月 5 日作出争议地小洋山所有权归甲村民小组的处理决定。乙不服,于 12 月 15 日向县法院提起诉讼。

【处理意见】对于"小洋山"权属,法院内部存在两种不同意见:

第一种意见认为,虽然事实查明,但乙持有名为"小洋山"的林权证也是合法凭证,应按照双方各半的原则确定其权属。

第二种意见认为,应根据林权证记载的四至与争议地是否相符的事实确定小洋山的权属归甲所有。而乙的林权证属于错发证,应依法予以更正。

法院判决维持县政府的处理决定。并建议乙向县政府提出更正登记申请。

【案件评析】法院的判决是正确的。

林木、林地权属争议,是因森林、林木、林地所有权或使用权归属而产生的争议。林权权属争议的解决应当按照《林木林地权属争议处理办法》的规定进行,其中处理依据的确定尤为重要。林权证是处理林权权属争议的主要依据,但在实际工作中,林权证的登记与发证有时因主客观原因发生各种错误。本案中,甲乙双方都持有名为"小洋山"的《山林所有权证》。那么,就应该审查《山林所有权证》记载事项与争议地的关系。通过现场勘查,已查明乙持有的林权证注明的四至界址与争议地不符,而甲提供的林权证所注明的山名与四至界址与争议地均相符合。因而可以确定小洋山的权属归甲所有,乙所持的林权证属于错发证,是另一块名为"小阳山"的林权证,应按照更正登记的法律程序办理。

值得注意的是,本案涉及的林权证记载的四至与争议地四至不符。这种情况与同一起林权争议均持有合法凭证的情况不同。对于后者,应根据《林木林地权属争议处理办法》第 11 条的规定:"当事人对同一起林权争议都能够出具合法凭证的,应当协商解决;经协商不能解决的,由当事人共同的人民政府按照双方各半的原则,并结合实际情况确定其权属。"因此,第一种意见是错误的。

本案涉及单位之间的林权争议,按《森林法》第 17 条规定由县级以上人民政府依法处理。当事人对人民政府的处理决定不服的,可以在接到通知之日起一个月内,向人民法院起诉。

【观点概括】林权证是处理林权争议的主要依据,林木、林地权属凭证记载的四至清楚的,应以记载的四至为准。

第三节　森林经营管理的法律制度

一、林业主管部门及主要职责

《森林法》第10条规定："国务院林业主管部门主管全国林业工作。县级以上地方人民政府林业主管部门，主管本地区的林业工作。乡级人民政府设专职或者兼职人员负责林业工作。"《森林法》第13条规定："各级林业主管部门依照本法规定，对森林资源的保护、利用、更新，实行管理和监督。"

"国务院林业主管部门"是指代表国务院管理全国林业工作的机关。国家林业局是国务院主管林业行政的职能部门，并负责全国造林绿化、森林资源保护管理、生物多样性保护、防治国土荒漠化和森林工业的行业管理。《森林法》使用"国务院林业主管部门"的泛称而不出现"国家林业局"的特称，是因为随着形势的发展及机构改革，机构名称及管理形式都有可能发生变化，但是代表国务院主管全国林业工作的机构总是要设置的。同样，"县级以上地方人民政府林业主管部门"的规定也是如此。

根据有关规定，国务院林业主管部门的主要任务是：贯彻执行党和国家的林业方针、政策、法律、法规；对森林资源及森林生态环境进行保护、管理和监督；统筹规划造林绿化、森林工业、多种经营和森林资源的综合开发利用；指导协调林业生产建设和提供服务，对各省（自治区、直辖市）的林业工作进行业务指导；推进林业改革，加快林业发展，充分发挥森林的多种功能和效益，为国家建设和人民生活提供丰富的林产品和良好的生态环境。

县级以上地方人民政府林业主管部门的主要职责是：负责组织森林资源清查，建立森林资源档案制度，掌握森林资源消长变化情况；为同级人民政府制定林业长远规划提供资料，根据需要参与研究和论证；指导农村集体经济组织和国有农场、牧场、工矿企业等单位编制森林经营方案；在有关人民政府组织下调处林权争议；协助人民政府组织各单位建立各种护林组织，加强森林防火工作；负责组织森林病虫害防治工作，规定林木种苗的检疫对象，划定疫区和保护区，制定林木种苗检疫的有关规定；组织推广林业科学技术，开展林业技术培训、技术咨询和技术服务；负责或组织森林和野生动物类型自然保护区的划定和管理工作，负责自然保护区以外珍贵树木和林区内有特殊保护价值的动物、植物资源的保护管理工作；参加森林采伐限额的制定并协助人民政府做好审核工作；负责林木采伐许可证的审核、发放和管理工作，并负有监督、检查的责任；负责木材运输证件的审核、发放工作；负责对违反《森林法》行为的行政处罚工作以及林业主管部门应负责的其他工作。地方各级人民政府林业主管部门因级别不同和辖区情况不同，其具体职责也不尽相同，应根据有关法规的规定或有关人民政府的规定确定。

对于"林业主管部门"这一名称，不同时期的立法文件的用法不完全相同。一些文件也有使用"林业行政主管部门""林业行政机关"名称的，其含义与本书所使用的"林业主管部门"是相同的。

二、森林种类划分

1. 森林种类划分的概念和意义

森林种类划分即林种划分，是指以培育、保护和利用森林的主导目的为标准，将森林划分为不同的种类。科学划分林种是经营管理森林的基础。森林不仅要有足够的数量，而且要有相应的质量和合理的结构。林种划分的意义在于，通过划分不同的林种，确定不同林种的经营管理和利用、保护的制度，以适应国家和社会对森林的多方面需要。

2. 林种

森林分为防护林、用材林、经济林、薪炭林和特种用途林。

① 防护林　是以防护为主要目的的森林、林木和灌木丛，包括水源涵养林、水土保持林、防风固沙林、护岸林、护路林、农田防护林、牧场防护林等。对于防护林，只准进行抚育和更新性质的采伐，不得进行以取材为目的的采伐。

② 用材林　是以生产木材为主要目的的森林和林木，包括以生产竹材为主要目的的竹林。对于成熟的用材林，应当根据不同情况，分别采取择伐、皆伐、渐伐的方式采伐。

③ 经济林　是以生产果品、食用油料、饮料、调料、工业原料和药材等为主要目的的林木。根据《森林法》的有关规定，对经济林的采伐也应当在取得林木采伐许可证后进行。

④ 薪炭林　是以生产燃料为主要目的的林木。在我国，大约80%的人口生活在农村，发展薪炭林，对于解决农村居民的生活需要、森林资源的保护，具有重要的意义。

⑤ 特种用途林　是以国防、环境保护、科学实验等为主要目的的森林和林木，包括国防林、实验林、母树林、环境保护林、风景林、名胜古迹和

革命纪念地的林木及自然保护区的森林。对特种用途林中的国防林、母树林、环境保护林、风景林，只准进行抚育和更新性质的采伐；对名胜古迹和革命纪念地的林木、自然保护区的森林，严禁采伐。

3．林种划分的程序

国家重点防护林和特种用途林，由国务院林业主管部门提出意见，报国务院批准公布；地方重点防护林和特种用途林，由省级林业主管部门提出意见，报本级人民政府批准公布；其他防护林、用材林、特种用途林以及经济林、薪炭林，由县级人民政府林业主管部门根据国家关于林种划分的规定和本级人民政府的部署组织划定，报本级人民政府批准公布。已经批准公布的林种要改变为其他林种的，必须报原批准公布机关批准。

各级人民政府制定的林业长远规划应当包括林种比例的内容。各省（自治区、直辖市）行政区域内的重点防护林和特种用途林的面积，不得少于本行政区域森林总面积的30%。

三、林业长远规划与森林经营方案

《森林法》第16条规定："各级人民政府应当制定林业长远规划。国有林业企事业单位和自然保护区，应当根据林业长远规划编制森林经营方案，报上级主管部门批准后实行。"

（一）林业长远规划

林业长远规划是指一个地区、一个部门或者一个单位在某一较长时期内，根据国民经济长期发展需要和生态环境的状况，遵循可持续发展的原则，对林业发展的战略目标、建设方针和保障措施等作出的谋划。它是林业生产经营活动中最基本的指导性文件。根据《森林法》的规定，制定林业长远规划是各级人民政府的职责；林业长远规划是国有林业企事业单位和自然保护区编制森林经营方案的依据。

1．林业长远规划编制的原则

① 林业长远规划要保护生态环境和促进经济的可持续发展。根据经济和社会发展的需要，林业发展方向也应进行相应的调整。林业部门在作为经济部门的同时，也成为环境建设的主体。林业发展应当主要以生态环境建设为中心，因此，林业长远规划也要围绕这一目标进行编制。

② 林业长远规划应以现有的森林资源为基础。规划的编制既要有远大的目标，也要充分考虑现实发展的可能性，要以现有的森林资源为基础，从

实际出发，因地制宜。

③ 林业长远规划要与土地利用总体规划、水土保持规划、城市规划、村庄和集镇规划相结合。

2．林业长远规划的主要内容

林业长远规划应当包括：林业发展目标；林种比例；林地保护利用规划；植树造林规划。

3．林业长远规划的编制与批准程序

林业长远规划分为全国林业长远规划和地方各级林业长远规划。全国林业长远规划由国务院林业主管部门会同其他有关部门编制，报国务院批准后施行；地方各级林业长远规划由县级以上地方人民政府林业主管部门会同其他有关部门编制，报本级人民政府批准后施行。

在林业长远规划的编制过程中由于涉及与其他规划的协调问题，因此，各级林业主管部门与其他各有关部门之间应当相互协商，使规划之间相互统一；以利于各项工作的顺利进行。同时，下级的林业长远规划应当根据上一级的林业长远规划进行编制。

在林业长远规划的实施过程中，由于客观因素的变化，可以对林业长远规划进行调整和修改，但必须报经原批准机关批准。

（二）森林经营方案

森林经营方案是以国有林业局、国有林场、牧场、自然保护区、工矿企业、农村集体经济组织以及个体林业经营者等为单位，在林业长远规划指导下编制并经上级主管部门批准的经营森林的法定性文件。森林经营方案是经营森林的单位编制年度计划、进行作业设计、确定采伐限额、安排生产建设项目和投资的依据，也是上级主管部门检查、考核森林经营单位工作的主要依据。编制森林经营方案应遵循的原则：编制森林经营方案应以各级人民政府制定的林业长远规划为依据；森林经营方案的内容必须符合《森林法》的有关规定；森林经营方案在编制过程中要以森林资源清查的有关数据作为依据，要符合客观实际情况，保证森林经营方案的科学性和可操作性；森林经营方案必须报上级主管部门批准后方可实施。国有单位的森林经营方案由其上级主管部门组织专家审议，然后报上级林业主管部门批准实施；集体单位的森林经营方案由县级林业主管部门组织审议和批准实施。经过批准的森林经营方案具有法律效力，是指导该经营单位进行作业的法定性文件。

森林经营方案的内容依不同的经营单位、经营目的及经营对象而不同。主要包括以下内容：森林经营原则和措施，林业生产建设的总体布局和近期安排，造林、森林抚育、林分改造、林木采伐、多种资源的培育利用，多种经营等项目的规划、设计等。森林经营方案一般以一个经理期为单位，每10年编制一次。如因特殊需要，也可以提前进行森林资源复查，修订森林经营方案。林业主管部门应当指导本行政区域范围内的农村集体经济组织和国有的农场、牧场、工矿企业以及个体林业经营者等单位编制森林经营方案。

四、资源清查与档案管理

《森林法》第14条规定："各级林业主管部门负责组织森林资源清查，建立资源档案制度，掌握资源变化情况。"《森林法实施条例》第11条规定："国务院林业主管部门应当定期监测全国森林资源消长和森林生态环境变化的情况。"森林资源清查和森林资源档案制度是科学管理森林的基础性措施。

（一）森林资源清查

森林资源清查是指在一定时期内对某一地区内的各类森林资源分布情况和森林质量等因子进行调查和核查。其主要任务是查清森林资源的种类、结构、数量、质量和分布，掌握资源消长变化的规律，客观反映自然、经济条件，进行综合评价，提交准确的森林资源调查材料、图面材料、统计资料和调查报告等。森林资源清查的主要对象是森林、林木、林地，林区的野生植物、动物及其他自然环境因素。森林资源清查工作已成为各级林业主管部门实现森林经营管理现代化的重要措施。

根据有关规定，森林资源清查由省级林业主管部门根据同级人民政府的部署和国务院林业主管部门的有关规定，定期组织实施。森林资源清查实行统一标准、分类调查的制度。

森林资源清查可分为三类：一是全国森林资源清查（即一类调查），由国务院林业主管部门组织，以省（自治区、直辖市）和大林区为单位进行；二是规划设计调查（即二类调查），由省级人民政府和林业主管部门负责组织，以县、国有林业局、国有林场或其他部门所属林场为单位进行，以满足编制森林经营方案、总体设计和县级林业区划、规划和基地造林规划等项需要；三是作业设计调查（即三类调查），是林业基层生产单位为满足伐区设计、造林设计和抚育采伐设计而进行的调查。

（二）森林资源档案制度

森林资源档案工作是森林资源管理的一项基础工作，也是森林经营管理的一个基本内容。森林资源档案是对各个时期森林资源变化状况和森林生态环境年度状况的记录资料。森林资源档案是在森林资源调查的基础上建立的。各级林业主管部门应当根据实际需要，设立森林资源档案管理机构或配备专业的森林资源档案管理人员，负责本辖区的森林资源档案管理工作。

建立森林资源档案的依据是近期森林资源清查的结果，包括调查设计、专业调查、区划、规划、森林经营方案、总体设计、作业设计等文件、图表、文字、数据资料。森林资源档案的主要内容一般包括：森林资源档案卡片、簿册、统计表、消长变化表等，以及林相图、资源基本图、经营规划图、资源变化图和有关资源调查、科研、经营的文件、文字资料等。

森林资源档案工作的主要任务是：掌握森林资源的现状及其变化情况，评定森林经营利用效果，为编制林业规划、设计、计划，确定森林经营措施和安排各项经营活动，提供可靠的依据。森林资源档案可分为四级：省（自治区、直辖市）为一级；设区的市、自治州、林业管理局为一级；县、县级市、市辖区、国有林业局、县级林场为一级；乡、镇、林场为一级。

森林资源档案实行统一技术标准，专人负责，分级管理，及时修订，逐年统计汇总上报的管理制度。各级林业主管部门对森林资源档案工作应当进行检查指导，加强管理。

第四节　森林保护的法律规定

一、地方各级人民政府保护森林的职责

根据《森林法》的规定，地方各级人民政府应当做好以下工作：

1. 组织有关部门和单位建立护林组织，负责护林工作

地方各级人民政府应当根据实际需要，组织有关部门和单位建立各种护林组织。各省（自治区、直辖市）和林区县应当建立护林指挥机构。各级人民政府林业主管部门是各级人民政府护林组织的业务指导机关。林区的国有林业企业事业单位、部队、铁路、农场和其他企业事业单位以及村民委员会，都应当建立相应的护林组织，在当地人民政府的领导下，负责本系统、本单位范围内的护林工作。

2. 根据实际需要在大面积林区增加护林设施，加强森林保护

为了有效地保护森林，防止森林火灾、森林病虫害等自然灾害对森林资源的破坏，在大面积林区，各级人民政府应当组织和督促有关主管部门增加护林设施，以加强森林保护。护林设施一般包括森林防火设施、森林病虫害

防治设施、航空护林设施等。

3. 督促有林的和林区的基层单位订立护林公约,组织群众护林

划定护林责任区,护林公约是乡规民约的一种,是有林的和林区的基层单位在政策法律允许的范围内,为了保护森林而经民主讨论制定的自我教育、互相约束、共同遵守的行为规范。其内容一般包括公约参加者的权利、义务等规定。订立护林公约,可以发动广大群众参加护林。

4. 在建立各种护林组织的同时配备护林员

护林员可以由县级或者乡级人民政府委任。护林员是在所划定的森林保护区内保护森林的人员。护林员可分为专职和兼职两种。护林员的主要职责是:巡护森林和管护森林,掌握林内的情况,随时排除一切可能危害森林的隐患;制止盗伐林木、毁坏林地、违反林区用火规定等行为;对造成森林资源破坏的单位或者个人,护林员有权送交或者报告当地有关部门,并有权要求有关部门依法处理。对妨碍护林员执行护林任务,造成护林员受到伤害的,应当依法追究责任。

二、森林公安机关和武装森林警察部队的职责

《森林法》第 20 条规定:"依照国家有关规定在林区设立的森林公安机关,负责维护辖区社会治安秩序,保护辖区内的森林资源,并可以依照本法规定,在国务院林业主管部门授权的范围内,代行本法第 39 条、第 42 条、第 43 条、第 44 条规定的行政处罚权。"

森林公安机关既是国家公安机关的组成部分,又是林业主管部门中的一支重要执法力量。森林公安机关实行林业主管部门和公安部门双重领导,以林业主管部门领导为主的体制。森林公安机关在维护林区社会治安、保护森林资源,特别是对盗伐、滥伐等违法行为实施处罚等方面,发挥着不可替代的重要作用。为充分发挥森林公安机关的作用,《森林法》明确规定森林公安机关的主要职责是:负责维护辖区社会治安秩序;保护辖区内的森林资源;在国务院林业主管部门授权的范围内,代行《森林法》第 39 条、第 42 条、第 43 条、第 44 条规定的行政处罚权,即:盗伐、滥伐森林或者其他林木的行为;买卖、伪造林木采伐许可证、木材运输证件、批准出口文件、允许进出口证明书的行为;在林区非法收购明知是盗伐、滥伐的林木的行为;毁林开垦、采石、采砂、采土、采种、采脂等行为。

国务院林业主管部门根据《森林法》的规定做出《关于授权森林公安机关代行行政处罚权的决定》,规定授权森林公安机关查处《森林法》第 39 条、

第 42 条、第 43 条、第 44 条规定的行政处罚案件；森林公安机关可以以其归属的林业主管部门的名义查处林业行政案件和作出行政处罚决定；森林公安局、森林公安分局、森林公安警察大队查处《森林法》第 39 条、第 43 条、第 44 条规定的案件，应以自己的名义作出行政处罚决定；森林公安派出所应以其归属的森林公安局、森林公安分局的名义作出行政处罚决定；森林公安机关查处规定的行政处罚案件，必须持有国务院林业主管部门统一核发的林业行政执法证件。

武装森林警察部队是驻守在东北、内蒙古、西南国有林区的一支专业武装力量，根据国家有关规定，其主要任务是护林、防火、灭火，同时也承担抢险救灾、保卫边疆和维护林区社会治安等任务。武装森林警察部队实行中央与地方共同管理、以地方管理为主，林业主管部门与公安机关共同管理、以林业主管部门管理为主的体制。

三、森林防火

森林防火是指对森林、林木火灾的预防和扑救。我国是世界上森林火灾多发的国家之一。有效地预防和减少森林火灾，是保护森林资源，促进林业发展，维护自然生态平衡的重要措施之一。

1. 森林防火工作实行各级人民政府行政领导负责制

森林防火是一项群众性、社会性很强的工作，涉及面广，特别是在扑救重大森林火灾时，需要调动部队、铁路、交通、民航、邮电、气象、民政、公安、商业、粮食、物资、卫生等多方面的力量。森林防火工作仅靠某一个部门的力量是难以完成的，必须由当地人民政府统一领导、统一组织、统一指挥才能做好这项工作，这是我国多年来森林防火工作的经验总结。《森林法》第 21 条规定："地方各级人民政府应当切实做好森林火灾的预防和扑救工作。"《森林防火条例》规定："森林防火工作实行各级人民政府行政领导负责制。"各级人民政府有权组织和动员辖区内各部门、各方面的力量，采取措施，积极预防和扑灭森林火灾。《森林防火条例》还规定："各级林业主管部门对森林防火工作负有重要责任，林区各单位都要在当地人民政府领导下，实行部门和单位领导负责制。"又规定："预防和扑救森林火灾，保护森林资源，是每个公民应尽的义务。"这些规定，明确了各级人民政府、林业主管部门、林区各单位和广大公民对森林防火工作的责任和义务。

2. 森林防火工作的方针

森林防火的方针是："预防为主，积极消灭"。这要求人们必须把森林防火工作的重点放在预防森林火灾的发生上，采取一切组织的、物质的、技术的措施，力求不发生或少发生森林火灾。一旦发生了森林火灾，就必须动员一切力量积极扑灭，做到"扑早，扑小，扑了"，不留隐患。

3．预防森林火灾

搞好森林防火工作，预防是重点、是关键。根据《森林法》和有关法规的规定，预防森林火灾的工作主要有：

（1）规定森林防火期和森林防火戒严期

县级以上地方人民政府应当根据本地区的自然条件和火灾发生规律，规定森林防火期；在森林防火期内出现高温、干旱、大风等高火险天气时，可以划定森林防火戒严区，规定森林防火戒严期。森林防火期、森林防火戒严期和森林防火戒严区应当由当地县级以上人民政府公布，使林区内的所有居民和外来人员都知道，并按有关规定执行。在森林防火期，林区内禁止野外用火，因特殊情况需要用火的，必须经县级人民政府或者其授权的单位批准，领取生产用火许可证后，方可在有专人负责、事先辟好防火隔离带、备好防火工具等条件和三级风以下的天气用火。森林防火戒严期的每一戒严期限为30天以下，在戒严区内禁止一切野外用火，各级森林防火组织应当加强巡逻和安全检查。

（2）在林区设置防火设施

在林区应建设的森林防火设施包括：设置火情瞭望台，开设防火隔离带或者营造防火林带；配备防火交通运输工具、探火灭火器械和通信器械等；在重点林区修筑防火道路，建立防火物资储备仓库；建立森林火险监测和预报站。森林防火基础设施建设，要同林区开发建设总体设计和大面积造林设计结合起来，作为一项系统工程，统一规划、统一施工、统筹安排。

4．扑救森林火灾

预防和扑救森林火灾是公民应尽的义务。任何单位和个人一旦发现森林火灾，必须立即扑救，并及时向当地人民政府或者森林防火指挥部报告。在发生森林火灾时，当地人民政府或者森林防火指挥部必须按照《森林法》的规定，立即组织当地军民和有关部门扑救，将损失减少到最低限度，同时尽快将火情逐级报告省级以上森林防火指挥部或者林业主管部门，以便及时组织力量扑灭森林火灾。扑救森林火灾时，气象部门应当做好与火灾有关的气象预报；铁路、交通、民航等部门应优先提供交通运输工具；邮电部门应保证通信的畅通；民政部门应妥善安置灾民；公安部门应及时查处森林火灾案件，加强治安管理；商业、粮食、供销、物资、卫生等部门应做好物资供应和医疗救护等工作。

《森林防火条例》规定，扑救森林火灾不得动员残疾人员、孕妇和儿童参加。

5．扑救森林火灾的善后工作

对扑救森林火灾负伤、致残、牺牲的人员给予医疗、抚恤。对扑救森林火灾负伤、致残、牺牲的人员属于国家职工的，要按照国家有关规定给予医疗、抚恤；非国家职工的，由起火单位给予医疗或者抚恤；起火单位对火灾没有责任或者确实无力负担的，由当地人民政府给予医疗或者抚恤。

四、森林病虫害防治

森林病虫害防治是指对森林、林木、林木种苗及木材、竹材的病虫害的预防和除治。森林病虫害是森林的另一大自然灾害，被称为"不冒烟的森林火灾"。我国森林病虫害日趋严重，森林病虫害种类多，发生面积大，损失严重。防治森林病虫害是保护森林的重要措施。

1．森林病虫害防治工作的责任制度

根据《森林法》和《森林病虫害防治条例》的有关规定，森林病虫害防治工作由地方各级人民政府领导，其职责是制定措施和制度；地方各级林业主管部门主管本行政区域内的森林病虫害防治工作，负责组织森林经营单位和个人进行森林病虫害的预防和除治工作；各级林业主管部门所属的森林病虫害防治机构，负责森林病虫害防治的具体组织工作；乡镇林业工作站，负责组织本乡镇的森林病虫害防治工作。森林病虫害防治实行"谁经营，谁防治"的责任制度，并作为考核领导干部和经营者的一项重要内容。对不防治或防治不力造成森林病虫害蔓延成灾的领导干部和经营者，要依法追究责任；对防治工作成绩显著的单位和个人，应给予表扬或奖励。

2．森林病虫害防治工作的方针

《森林病虫害防治条例》规定，森林病虫害防治实行"预防为主，综合治理"的方针。"预防为主"，就是在搞好病虫测报的基础上，弄清病虫害的发生发展规律，把病虫除治在初发阶段，防患于未然，而不能等到病虫害已经大量发生并造成严重危害的时候才开始防治，否则，不仅使森林资源遭受损失，而且会浪费大量的人力、物力和财力。"综合治理"，要求采用检疫、选育抗病虫的林木种苗和采取生物防治与化学防治、物理防治相结合等综合措施进行治理。

3．预防森林病虫害

根据有关法律、法规的规定，预防森林病虫害的主要措施有：

① 在森林经营活动中采取预防森林病虫害发生的措施。植树造林应当适地适树，提倡营造混交林，合理搭配树种，按照国家规定选用林木良种，造林设计方案必须有森林病虫害防治措施；严禁使用带有危险性病虫害的林木种苗进行育苗或者造林；对幼龄林和中龄林应当及时进行抚育管理，清除已经感染病虫害的林木；有计划地实行封山育林，改变单纯林生态环境；及时清理火烧迹地，伐除受害严重的过火林木；采伐后的林木应当及时运出伐区并清理现场。

② 各级林业主管部门应当有计划地组织建立无检疫对象的林木种苗基地。各级森林病虫害防治机构应当依法对林木种苗和木材、竹材进行产地检疫和调运检疫，发现新传入的危害性病虫害，应当及时采取严密封锁、扑灭措施，不得将危险性病虫害传出。各口岸动植物检疫机构，应当按照国家有关进出境动植物检疫的法律规定，加强进境林木种苗和木材、竹材的检疫工作，防止境外危险性森林病虫害的传入。

③ 规定林木种苗的检疫对象，划定疫区和保护区，对林木种苗进行检疫。凡局部地区发生的危害性大、能随植物及其产品传播的病、虫、杂草，应定为植物检疫对象。根据规定，国内森林植物检疫对象和应施检疫的森林植物、林产品名单，由国务院林业主管部门制定；各省、自治区、直辖市林业主管部门，根据本地区需要，制定本地区的补充名单，报国务院林业主管部门备案；未列入上述两种名单的森林植物和林产品的检疫与否，由调入省的森检机构决定。应施检疫的森林植物及其产品，包括林木种子、苗木和其他繁殖材料，乔木、灌木、竹类、花卉和其他森林植物，木材、竹材、药材、果品、盆景和其他林产品。局部地区发生植物检疫对象的，应划定为疫区，采取封锁、消灭措施，防止植物检疫对象传出；发生地区已比较普遍的，则应将未发生地区划为保护区，防止植物检疫对象的传入。在发生疫情的地区，植物检疫机构可以派人参加当地的道路联合检查站或者木材检查站；发生特大疫情，经省级人民政府批准，可以设立植物检疫检查站，开展植物检疫工作。

④ 地方各级林业主管部门应当对经常发生森林病虫害的地区，实施以营林措施为主，生物防治、化学防治和物理防治相结合的治理措施，改变森林的生态环境，提高森林抗御病虫害的能力。

⑤ 做好森林病虫害预测预报工作，并及时提出防治方案。

根据《森林法实施条例》的规定，国务院林业主管部门和省级人民政府林业主管部门的森林病虫害防治机构应当分析各地测报数据，定期分别发布全国和本行政区域的森林病虫害中、长期趋势预报，并提出防治方案。县、市、自治州人民政府林业主管部门或者其所属的森林病虫害防治机构,应当分析基层单位测报数据,发布当地森林病虫害中、短期预报,并提出防治方案。

4. 除治森林病虫害

根据《森林法》和有关法规的规定,发生森林病虫害时,当地人民政府及林业主管部门、森林经营者、有关单位和个人,都要按照法律、法规的规定,履行除治的义务。任何单位和个人,发现森林发生严重病虫害时,都应及时向当地人民政府或者林业主管部门报告。有关经营单位和个人,对发生的森林病虫害应及时进行除治。发生严重森林病虫害时,县级以上地方人民政府或者林业主管部门应当制定除治森林病虫害的实施计划。施药必须遵守有关规定,防止环境污染,保证人畜安全,减少杀伤有益生物;所需的防治药剂、器械、油料等,商业、供销、物资、石油化工等部门应当优先供应,铁路、交通、民航部门应当优先承运,民航部门应当优先安排航空器施药。对发生严重森林病虫害不除治或者除治不力的,县级以上人民政府林业主管部门或者其授权的单位应责令限期除治或者代为除治,以防止森林病虫害的蔓延。

五、其他保护森林的法律措施

其他保护森林的法律措施主要是指制止人为破坏森林资源的行为。这里所说的"人为破坏森林资源的行为",主要是指毁林开垦、毁林采石、采砂、采土、采种,在幼林地和特种用途林内砍柴、放牧,违反操作技术规程采脂、挖笋、掘根、剥树皮及过度修枝等毁林行为。为了严格保护森林资源,制止人为破坏森林资源的各种行为,《森林法》及其《森林法实施条例》作了以下规定:

① 禁止毁林开垦。毁林开垦是指通过放火烧山等手段将林木毁掉,把林地改变为种植农作物的耕地的行为。

② 禁止毁林采石、采砂、采土。毁林采石、采砂、采土,是指为了生产或者生活的需要,在长有林木的林地上采石、采砂、采土而毁坏林木的行为。

③ 禁止毁林采种。毁林采种是指为了采集种子而破坏正在生长的林木的行为。

④ 禁止在幼林地和特种用途林内砍柴、放牧。幼林地,是指造林不满3~5年、飞播后不满5~7年或者林木平均胸径在5cm以下的林地。

⑤ 禁止违反操作技术规程采脂、挖笋、掘根、剥树皮的行为。

⑥ 禁止过度修枝的行为。过度修枝是指行为人出于某种目的故意超强度修剪林木的枝叶,从而影响林木正常生长的行为。

⑦ 进入森林和森林边缘地区的人员，不得擅自移动或者损坏为林业服务的标志。为林业服务的标志，是指在森林和森林边缘地区，为了进行调查区划、确定权属、保护森林资源等的需要而设立的固定标志，包括森林资源调查样地的永久性标志，调查区划的界桩，森林铁路、林区公路的标志，以及造林、护林、育林等各种标志、布告牌等。

案例分析

被告人李某，男，1987 年 9 月 3 日出生，蒙古族，初中文化，农民。2006 年 4 月 27 日因涉嫌放火罪被某旗公安局刑事拘留，经某旗检察院批准，于 2006 年 4 月 30 日被执行逮捕。

【公诉机关意见】

2006 年 4 月 26 日 7 时 30 分左右，被告人李某用打火机将位于本村东约 1 千米处自家耕地东侧的荒草点燃。当荒草燃烧后，李某放任不管，任由火势蔓延到南山次生林，形成火灾。公诉机关认为，被告人李某的行为已触犯《中华人民共和国刑法》第 115 条第 1 款之规定，并且犯罪事实清楚，证据确实充分，应当以放火罪追究其刑事责任。

【法院审理和判决】

法院审理查明：2006 年 4 月 26 日 7 时 30 分许，被告人李某为了扩大自家耕地面积，使用打火机将位于本村东约 1 千米处自家耕地东侧的荒草点燃，此处距南山的次生林地仅 5 米远。当荒草燃烧后，李某放任不管，任由火势蔓延到南山次生林，形成火灾。经某旗林业局对现场用 GPS 测量，过火面积 10.07 公顷，火灾现场属于林地，主要以柞树、桦树、杨树为主，为国家公益林。

法院认为，被告人李某无视国法，在防火期内放火烧荒，引发山林火灾。火灾发生后，被告人李某未采取任何扑救措施，其放任行为危害公共安全，并使公共财产遭受重大损失，其行为已构成放火罪。公诉机关指控的犯罪事实清楚，证据确实，罪名成立，法院予以采纳。鉴于被告人李某能如实供述自己的犯罪行为，认罪态度较好，量刑时可酌情考虑。依照《中华人民共和国刑法》第 115 条第 1 款、第 47 条之规定，判决如下：被告人李某犯放火罪，判处有期徒刑 10 年。

【评析】

本案被告人李某为了扩大自己家的耕地面积，在防火期内点火烧荒。由于他家的耕地与南山次生林地之间的距离仅有 5 米远，当荒草燃烧后火势便蔓延到南山次生林地，对此李某放任不管，结果过火有林地面积 10.07 公顷，导致特别重大的森林火灾案件发生。

《刑法》第115条第1款规定："放火、决水、爆炸以及投放毒害性、放射性、传染病病原体等物质或者以其他危险方法致人重伤、死亡或者使公私财产遭受最大损失的，处一年以上有期徒刑、无期徒刑或者死刑。"这里说的致使公私财产遭受重大损失，除包括各省、自治区和直辖市规定的火灾所造成的直接经济损失达到相应的数额标准外，还应当包括国家林业局、公安部《关于森林和陆生野生动物刑事案件管辖及立案标准》规定的过火有林地面积10公顷以上的情形。在本案中，审判机关对被告人李某以放火罪判处有期徒刑10年，符合刑法和有关行政规章的规定。

在放火焚烧森林及其他林木案件中，有的行为人事先可能并没有明确的犯罪动机和目的，当自己的行为由于某种客观原因引发森林火灾后，主观上采取消极的、漠不关心的态度放任火灾发生以及火势蔓延。这种情形属于在间接故意心理支配下构成的放火罪，对行为人不能按过于自信的失火罪处理。虽然这两种犯罪之间有相似之处，如行为人在实施某种行为前对自己的行为可能引发森林火灾事先都有预见，行为人都不积极追求森林火灾结果发生，但二者之间存在本质区别。

其一，由间接故意构成的放火罪，行为人对自己的行为引发森林火灾的后果持有放任态度；而由过于自信构成的失火罪，行为人主观上轻信自己的行为可以避免发生森林火灾的后果。

其二，由间接故意构成的放火罪，对行为人而言，无论是否发生森林火灾这种危害结果，均不违背其主观愿望；而由过于自信构成的失火罪，对行为人而言，发生森林火灾这种危害结果违背其主观愿望。

第五节　植树造林的法律制度

一、植树造林规划

《森林法》规定："各级人民政府应当制定植树造林规划，因地制宜地确定本地区提高森林覆盖率的奋斗目标。"植树造林、绿化祖国具有广泛的社会性，是全社会的共同任务，需要动员全国各行各业和全体人民的力量，为实现国土绿化做长期不懈的努力。《森林法》明确规定，制定植树造林规划是各级人民政府的职责。地方各级人民政府应结合土地利用规划和农业区划，根据《森林法》《森林法实施条例》的规定和全国造林绿化规划的要求，制定本地区植树造林的近期规划和长远规划，因地制宜地确定本地区提高森林覆盖率的奋斗目标。植树造林、绿化祖国是一项需要动员全社会和各行各业都参加的工作，是各级人民政府、各部门和各单位的应尽职责。

二、造林绿化的责任制度和组织形式

1. 组织各行各业和城乡居民开展植树造林活动，完成植树造林规划确定的任务，是各级人民政府的职责

《森林法》第11条规定："各级人民政府应当组织全民义务植树，开展植树造林活动。"第26条规定："各级人民政府应当组织各行各业和城乡居民完成植树造林规划确定的任务。"因此，各级人民政府要切实加强领导，按照全社会办林业、全民搞绿化的方针，组织和动员各行各业和城乡广大群众进行植树造林。各部门、各单位要在当地人民政府的领导下，统一规划，各负其责，认真完成各自承担的植树造林任务。在开展全民义务植树活动中，各级人民政府要做好组织领导工作，按照规定层层落实任务。为了确保完成植树造林规划所确定的任务，必须建立和完善领导干部任期森林资源消长目标责任制，把森林资源的消长，作为考核各级行政领导政绩的主要内容之一。森林资源消长目标责任制，由上级林业主管部门负责分年度和任期末进行考核。考核的主要内容包括森林面积、森林蓄积的消长、完成营林造林任务的情况等。县级人民政府对本行政区域内当年造林的情况要组织检查验收，除国家特别规定的干旱、半干旱地区外，成活率不足85%的，不得计入年度造林完成面积。

2. 实行造林绿化部门和单位负责制

根据《森林法》及其《森林法实施条例》的有关规定，国家对造林绿化实行部门和单位负责制。铁路公路两旁、江河两侧、湖泊水库周围，由各有关主管单位因地制宜地组织造林，各有关主管单位是造林绿化的责任单位。工矿区、机关、学校用地、部队营区以及农场、牧场、渔场经营地区，由各单位负责造林，各单位是造林绿化的责任单位。责任单位的造林绿化任务，由所在地的县级人民政府下达责任通知书，予以确认和组织检查验收。

3. 宜林荒山荒地的植树造林

属于国家所有的宜林荒山荒地，由林业主管部门和其他主管部门组织造林；属于集体所有的，由集体经济组织实施造林。

4. 承包造林

国家所有的宜林荒山荒地和集体所有的宜林荒山荒地，可以由集体承包进行植树造林，也可以由个人承包进行植树造林。国家鼓励对宜林荒山荒地进行植树造林，并依法保护其承包经营权。

三、植树造林的收益分配

为了鼓励植树造林，充分调动单位和个人造林、育林、护林的积极性，《森林法》对植树造林的收益分配问题作出以下规定：国有企业事业单位、机关、团体、部队营造的林木，其林木所有权归国家所有，但是由造林单位负责经营管理，并按照国家有关规定支配林木收益；集体所有制单位营造的林木，归该营造单位所有，享有收益和处分的权利；农村居民在其房前屋后、自留地、自留山种植的林木，以及城镇居民和职工在自有房屋的庭院内种植的林木，归个人所有。个人享有使用、收益和处分的权利，允许继承，并受法律保护；集体或者个人承包国家所有和集体所有的宜林荒山荒地造林的，林地所有权不变，承包后种植的林木归承包的集体或者个人所有，如果承包合同对种植的林木权属和收益另有约定的，按照承包合同的约定执行。

四、封山育林

《森林法》第 28 条规定："新造幼林地和其他必须封山育林的地方，由当地人民政府组织封山育林。"封山育林，是指利用林木天然更新的能力，在有条件的山区，定期封山，禁止或者限制开荒、砍柴或者其他有害于林木生长的人畜活动，经过封禁和管理，使森林植被得到恢复的育林方式。封山育林适合于天然更新能力强的疏林地、造林不易成活需要改善土地条件的荒山荒地、幼林地以及其他有天然恢复植被可能的荒山和荒地。采取封山育林的方式，用工少、成本低、效益高，既是加快林业发展的有效措施，也有利于改善野生动植物的生存环境，有利于生态环境的保护。

第六节　森林采伐的法律制度

一、森林采伐限额制度

1. 年森林采伐限额的概念

年森林采伐限额是指国家所有的森林和林木以国有林业企事业单位、农场、厂矿等为单位，集体所有的森林和林木、个人所有的林木以县为单位，按照法定程序和方法，经科学测算编制，经各级地方人民政府审核，报经国务院批准的年采伐消耗森林蓄积的最大限量。实行限额采伐，对有效地控制森林资源消耗，维护生态平衡，改善生态环境，促进林业发展，实现永续利用，充分发挥森林的生态效益、经济效益和社会效益，具有十分重要的意义。

2. 实行限额采伐的范围

制定年采伐限额，应将成熟的用材林的主伐，国防林、母树林、环境保护林、风景林的抚育和更新性质的采伐，低产林分的改造以及四旁林木的采伐等，都纳入年森林采伐限额。《森林法》规定严禁采伐的特种用途林中的名胜古迹和革命纪念地的林木、自然保护区的森林以及农村居民房前屋后、自留地个人所有的零星林木，不计算在年采伐限额之内。《森林法》明确规定将"个人所有的林木"（房前屋后和自留地个人所有的零星林木除外）也纳入年森林采伐限额范围内进行管理。农村居民在自留山种植的林木、个人承包国家所有和集体所有的宜林荒山荒地种植的林木归个人所有（承包合同另有规定的除外），将这部分林木纳入年采伐限额内，对其采伐进行管理，并不意味这部分林木权属的变化。对利用外资营造的用材林达到一定规模需要采伐的，可以在国务院批准的年森林采伐限额内，由省（自治区、直辖市）林业主管部门批准，实行采伐限额单列，以鼓励利用外资造林。

3. 制定年森林采伐限额的原则和程序

（1）制定年森林采伐限额应坚持的原则

① 用材林的消耗量低于生长量的原则　除了用材林的成熟林和过熟林蓄积量超过用材林总蓄积量 2/3 的个别地区以外，其他地区都必须按照用材林的消耗量低于生长量的原则，核定年森林采伐限额。

② 合理经营，永续利用的原则　对用材林中成熟林和过熟林蓄积量超过用材林蓄积量 2/3 的个别地区，应按照合理采伐、永续利用的原则确定其年采伐限额，而不应机械地执行消耗量低于生长量的原则；对中幼林多而成熟林少的地区，则主要根据成熟林的数量严格控制采伐，使消耗量大大低于生长量；对于用材林以外的其他林种，由于其培育目的与用材林不同，应以符合合理经营的要求为原则，制定年采伐限额。

（2）制定年森林采伐限额的程序

国家所有的森林和林木以国有林业企业事业单位、农场、厂矿等为单位，集体所有的森林和林木以及农村居民个人所有的林木以县为单位，根据合理经营、永续利用的原则，依据森林经营方案所确定的合理年采伐量，提出年森林采伐限额指标，逐级上报，由省（自治区、直辖市）林业主管部门汇总平衡，经同级人民政府审核后，报国务院批准。国务院确定的国家所有的重点林区的年森林采伐限额，由国务院林业主管部门审核后，报国务院批准。经国务院批准的年森林采伐限额是具有法律约束力的年采伐消耗森林蓄积的最大限量，非经法定程序批准,不得突破。国务院批准的年森林采伐限额每五年核定一次。

二、林木采伐许可证制度

《森林法》规定:"采伐林木必须申请采伐许可证,按许可证的规定进行采伐"。林木采伐许可证是采伐林木的单位或者个人依照法律规定办理的准许采伐林木的证明文件。采伐林木实行凭证采伐制度,是《森林法》规定的森林保护管理的重要法律制度之一,是国家保证森林采伐限额不被突破的重要法律措施。

1. 凭证采伐的范围

根据《森林法》的规定,除采伐不是以生产竹材为主要目的的竹林以及农村居民采伐自留地、房前屋后自有的零星林木以外,凡采伐林木必须申请林木采伐许可证,并按照许可证的规定进行采伐。

因扑救森林火灾、防洪抢险等紧急情况需要采伐林木的,组织抢险的单位或者部门应当自紧急情况结束之日起30日内,将采伐林木的情况报告当地县级以上人民政府林业主管部门。

2. 审核发放林木采伐许可证的部门及其职责

林木采伐许可证分为《国有林林木采伐许可证》和《集体、个人所有林木采伐许可证》两种格式,内容包括采伐地点、面积、蓄积(或株数)、树种、采伐方式、期限和完成更新造林的时间等。林木采伐许可证的式样由国务院林业主管部门规定,由省(自治区、直辖市)人民政府林业主管部门印制。

根据《森林法》及其《森林法实施条例》的规定,按下列不同情况由有关部门审核发放林木采伐许可证:国有林业企业事业单位、机关、团体、部队、学校和其他企业事业单位采伐林木,由所在地县级以上林业主管部门依照有关规定审核发放采伐许可证;县属国有林场,由所在地的县级林业主管部门核发;省(自治区、直辖市)和设区的市、自治州所属的国有林业企业事业单位、其他国有企业事业单位,由所在地的省、自治区、直辖市林业主管部门核发;国务院确定的重点林区的国有林业企业事业单位,由国务院林业主管部门核发。铁路、公路的护路林和城镇林木的更新采伐,分别由有关主管部门依照有关规定审核发放采伐许可证。农村集体经济组织采伐林木,由县级林业主管部门依照有关规定审核发放采伐许可证。农村居民采伐自留山和个人承包集体的林木,由县级林业主管部门或者其委托的乡、镇人民政府依照有关规定审核发放采伐许可证。

竹林是我国森林资源的重要组成部分,采伐以生产竹材为主要目的的竹林,也应当申请办理采伐许可证。审核发放采伐许可证的部门,所发放的采伐许可证准许采伐森林和林木的总量，不得超过批准的年森林采伐限额。

为了保护森林资源，《森林法实施条例》规定，有下列情形之一的，不得核发采伐许可证：对防护林和特种用途林进行非抚育或者非更新性质的采伐，或者采伐封山育林期、封山育林区内的林木的；上年度采伐后未完成更新造林任务的；上年度发生重大滥伐案件、森林火灾或者大面积严重森林病虫害，未采取预防和改进措施的。

3. 申请林木采伐许可证应当提交的文件

根据《森林法》及其《森林法实施条例》的规定，申请林木采伐许可证除应当提交申请采伐林木的所有权证书或者使用权证书外，申请人还应当分别不同情况提交其他有关的证明文件：申请人属于国有林业企业事业单位的，还应当提交伐区调查设计文件和上年度采伐更新验收证明；申请人属于其他单位的，还应当提交包括采伐林木的目的、地点、林种、林况、面积、蓄积量、方式和更新措施等内容的文件；申请人属于个人的，还应当提交包括采伐林木的地点、面积、树种、株数、蓄积量、更新时间等内容的文件。

4. 采伐森林和林木必须遵守的规定

① 对成熟的用材林，应当根据不同情况，分别采取择伐、皆伐和渐伐方式。皆伐应当严格控制，并在采伐的当年或者翌年内完成更新造林；对防护林和特种用途林中的国防林、母树林、环境保护林、风景林，只准进行抚育和更新性质的采伐；严禁采伐特种用途林中的名胜古迹和革命纪念地的林木、自然保护区的森林。

② 持有林木采伐许可证的单位和个人必须遵守规定的伐区作业要求进行采伐作业。发放采伐许可证的部门有权对持证单位的作业情况进行检查。对伐区作业不符合规定的单位，发证的部门有权收缴采伐许可证，中止其采伐，直到纠正为止。

③ 采伐林木的单位或者个人，必须按照采伐许可证规定的面积、株数、树种、期限完成更新造林任务，更新造林的面积和株数不得少于采伐的面积和株数。

案例分析

【基本案情】2005 年 3 月 15 日，村民郭某在未办理林木采伐许可证的情况下，雇请刘某、王某两人采伐与郭某本人有权属争议的杉树 209 株，立木蓄积为 8.453 立方米。另外，在实施采伐的过程中因界址不清，将与郭某无任何争议的陶某责任山中杉树错砍 80 株，立木蓄积为 5 立方米，事后，陶某将错砍的树拖回家后以 2200 元卖给他人。

【处理意见】案件在处理时,有两种意见:

第一种意见认为,郭某擅自采伐有争议的林木,应按滥伐处理,而其雇工错砍陶某山中的树木因数量较大,应以盗伐林木案立案。

第二种意见认为,应对郭某的行为统一按滥伐林木行为进行行政处罚(该省滥伐林木案刑事立案起点为15立方米)。

森林公安机关认为郭某的行为构成滥伐,根据《森林法实施条例》第39条作出如下处罚:(1)责令补种树木1445株;(2)罚款20000元。

【案件评析】森林公安机关的处理是正确的。

案件处理过程中的两种意见,对郭某擅自采伐有争议的林木按滥伐处理是统一的,意见的分歧在于郭某雇人错砍陶某的80株树木,能否认定为盗伐林木行为。

盗伐林木是指违反森林法及其他保护森林法规,以非法占有为目的擅自采伐国家、集体、他人所有或者他人承包经营管理的森林或者其他林木的行为。从本案来看,郭某在雇人伐树时是因界址不清而错伐了陶某的80棵树,且事后伐下的林木由林木所有人陶某拖回家中,整个采伐过程中,郭某在其主观上并无非法占有他人林木的目的,事后在客观上也没有非法占有采伐的林木的行为,据此,应认定郭某雇人砍错树的行为不属于盗伐林木行为。郭某之所以采伐林木,主要是因为其林木与他人有争议,在采伐作业过程中,导致错伐了不属于自己的80棵树。对这类问题的处理,《最高人民法院关于审理破坏森林资源刑事案件具体应用法律若干问题的解释》规定:"林木权属争议一方在林木权属确权之前,擅自砍伐森林或者其他林木,数量较大的,以滥伐林木罪论处。"

本案中,郭某共计采伐林木13.453立方米,由于该省滥伐林木案刑事立案起点为15立方米,郭某所滥伐林木的数量尚未达到刑事立案的起点,构不成滥伐林木罪,应按一般滥伐林木行政违法行为处理,森林公安机关根据《森林法实施条例》第39条的规定作出责令补种树木和罚款的林业行政处罚是正确的。

【观点概括】擅自砍伐有林权争议的林木,或者在界址不清的情况下,不以非法占有为目的,采伐他人林木的行为,均属于滥伐林木的行为。

第七节 木材经营、运输管理的法律制度

一、木材经营加工管理

木材经营加工管理主要是指对木材的产、供、销和加工活动的管理。林区木材的经营管理也是控制森林资源消耗的一项重要措施。木材不同于一般

商品，如果不加强对木材收购、销售和加工的管理，在林区特别是集体林区就容易引起乱砍滥伐。实践证明，加强木材经营管理对于保护森林资源具有重要的作用。但是，林区木材经营管理问题涉及各个方面，我国当前正处在经济体制改革之中，木材经营管理问题在法律中作出具体规定，条件尚未成熟。因此，《森林法》规定，林区木材的经营和监督管理办法，由国务院另行规定。《森林法实施条例》作了以下规定。

1．在林区经营（含加工）木材，必须经县级以上林业主管部门批准

由于木材经营加工的原料是木材，而木材来源于森林资源，因此，林业主管部门对木材经营加工的批准，主要审核有无正当的木材来源，杜绝非法采伐的木材进入流通领域。在林区经营加工木材的，必须向县级以上林业主管部门提出申请，经批准后到工商行政主管部门办理登记注册，领取营业执照后才可经营。需要说明的是，这里所指的"林区"，根据《森林法》等有关法律、法规的规定，由省（自治区、直辖市）人民政府根据当地的实际情况划定。

2．木材收购单位和个人不得收购没有林木采伐许可证或者其他合法来源证明的木材

所谓"其他合法来源证明"，是指林木采伐许可证以外的能够证明木材来源合法的证明文件，如购买木材的有效凭证、农民采伐自留地和房前屋后自有林木的证明等。没有采伐许可证或者其他合法来源证明的木材，是非法采伐的木材，禁止收购这样的木材，才能遏制非法采伐林木的行为，达到保护森林资源的目的。

3．纳入木材经营管理范围的木材

根据《森林法实施条例》的规定，纳入木材经营管理范围的木材是指原木、锯材、竹材、木片和省（自治区、直辖市）规定的其他木材。在实践中，除原木、锯材、竹材、木片以外，省、自治区、直辖市还可根据有关法律、法规和实际需要，将其他一些木材种类（如木制人造板等木制半成品、木制成品、竹制成品等），纳入木材经营管理的范围。

二、木材运输管理

《森林法》规定："从林区运出木材，必须持有林业主管部门发给的运输证件，国家统一调拨的木材除外。"木材运输管理是森林资源保护和管理的重要内容之一，是控制森林资源消耗的一项重要措施。实行木材凭证运输制度，是《森林法》规定的一项重要的法律制度。

1. 木材凭证运输制度

加强木材运输管理的关键是实行木材凭证运输制度。木材凭证运输是指从林区运出非国家统一调拨的木材，必须持有县级以上林业主管部门核发的木材运输证件，并按证件规定的内容进行运输。木材运输证是运输木材的合法凭证。木材运输证的式样由国务院林业主管部门规定。根据有关规定，木材运输证分为《出省木材运输证》和《省内木材运输证》两种。木材运输证上应当注明树种、材种、规格、数量、起止地点、运输方式、运输有效期等内容。

木材运输证的核发机关是县级以上林业主管部门。从国务院确定的国家所有的重点林区运出木材的木材运输证，由国务院林业主管部门核发；出省（自治区、直辖市）木材运输证由省级林业主管部门或者其委托的林业主管部门核发；省内运输的木材运输证由县级林业主管部门核发。

需要凭证运输的木材，是指原木、锯材、竹材、木片和省（自治区、直辖市）规定的其他木材。实践中，除原木、锯材、竹材、木片以外，各省（自治区、直辖市）可根据实际需要将一些其他木材种类也纳入木材运输管理的范围。

木材运输证自木材起运点到终点全程有效，必须随货同行。对没有木材运输证的木材，承运单位和个人不得承运。对依法取得采伐许可证并按照证的规定采伐的木材，从林区运出时，林业主管部门应当发给运输证件。

2. 木材运输证的申请与核发

申请办理木材运输证的单位和个人，应当提交以下证明文件：

（1）林木采伐许可证或者其他合法来源证明

凭林木采伐许可证采伐的木材是合法的，可以运出林区。"其他合法来源证明"一般包括：运输农民自留地及房前屋后生产的木材或旧房料，凭乡、镇人民政府或者基层林业工作站的证明；个人搬迁按规定允许携带的木材，凭户口迁移证明或工作调动证明；木材经营、加工单位运输木材，凭林业主管部门规定的证件和履行的手续。

（2）检疫证明

规定申请木材运输证需要提供木材检疫证明，主要是为了防止危险性的森林病虫害的传播与蔓延。

（3）省（自治区、直辖市）林业主管部门规定的其他文件

这是适应各省（自治区、直辖市）根据本行政区域的实际情况，规定了核发木材运输证应当提交的其他有关证明文件的实际情况作出的规定，如运输原木、锯材、竹材、木片以外的木材种类应提交的证明文件等。

对符合条件的木材运输证申请，受理木材运输证申请的县级以上林业主

管部门应当自接到申请之日起 3 日内发给木材运输证。林业主管部门依法发放的木材运输证所准运的木材运输的总量，不得超过当地年度木材生产计划规定可以运出销售的木材总量。

3．木材运输监督

林区木材运输的监督机构是木材检查站。《森林法》规定："经省、自治区、直辖市人民政府批准，可以在林区设立木材检查站，负责检查木材运输。"《森林法实施条例》和国务院林业主管部门制定的有关规定，对木材运输监督和木材检查站的设立、任务、职责等作了明确的规定。

木材检查站是经省级人民政府批准、由林业主管部门在林区设立的专门负责木材运输检查的林业基层行政执法机构。木材检查站的设立，必须按照统一规划、合理设置的原则，由县级以上地方林业主管部门提出，经省级林业主管部门审核，报省级人民政府批准。未经省级人民政府批准，任何部门和单位都不得设立木材检查站，也不得撤销已经设立的木材检查站。木材检查站的任务是负责检查木材运输，维护林区木材运输秩序，制止非法运输木材的行为。根据有关规定，对未取得运输证件或者物资主管部门发给的调拨通知书运输木材的，木材检查站有权制止，可以采取暂扣无证运输的木材的行政措施，并应立即报请县级以上林业主管部门依法处理。另外，根据《中华人民共和国行政处罚法》等法律、法规的规定，木材检查站可以在县级以上林业主管部门依法委托的范围内，行使对非法运输木材行为的行政处罚权。另外，木材检查站还可以根据法律、法规规定和县级以上林业主管部门的委托，行使对国家重点保护的野生动植物运输的检查和监督。

木材检查员执行职务时，应当出示省级林业主管部门统一制发的检查证件，佩戴统一标志，严格执法，文明执法。

三、珍贵树木及其制品、衍生物进出口管理

为了保护我国的珍贵树木资源，加强对珍贵树木及其制品、衍生物的出口管理，《森林法》第 38 条规定了珍贵树木及其制品、衍生物进出口的管理和批准程序。

国家禁止或者限制珍贵树木及其制品、衍生物的出口。出口国家限制出口的珍贵树木或者其制品、衍生物的，必须经出口人所在地省（自治区、直辖市）林业主管部门审核，报国务院林业主管部门批准。海关凭国务院林业主管部门的批准文件放行。进出口的树木或者其制品、衍生物属于中国参加的国际公约限制进出口的濒危物种的，还必须向国家濒危物种进出口管理机

构申请办理允许进出口证明书，海关凭允许进出口证明书放行。

这里所说的珍贵树木是指国家规定重点保护的珍贵植物中的木本植物。1999 年 9 月国务院林业、农业行政主管部门公布了经国务院批准的《国家重点保护野生植物名录》。珍贵树木的衍生物，是指某种产品如果含有肉眼辨认不出的某种珍贵树木的成分，这种产品称为该种珍贵树木的衍生物。但是，不含有某种珍贵树木成分的产品，如果注明或者标明其成分中含有该种珍贵树木成分，这种产品也视为该种珍贵树木的衍生物，并相应地按照有关规定执行。为了保护我国的珍贵树种资源，《森林法》将珍贵树木的衍生物也纳入到进出口管理的范围之中。

国家禁止或者限制出口的珍贵树木及其制品、衍生物的名录和年度限制出口总量，由国务院林业主管部门会同国务院有关部门制定，报国务院批准后执行。

案例分析

【基本案情】徐某是个体木材加工户，2004 年 7 月在某村办林场购买了 10 立方米的杂原木，并到林业局办理了 10 立方米木材运输证后，雇 2 辆车将木材从林场运回加工厂，途经邻村时看见 6 立方米的杨木，便又购买了此 6 立方米杨木并装上车。徐某为了过木材检查站不被查出，私自把运输证 10 立方米改成 16 立方米，企图蒙混过关。当车行至木材检查站时，被检查人员识破。

【处理意见】本案处理过程中，存在以下四种意见：

第一种意见认为，徐某所持的 10 立方米木材运输证是合法有效的，应按运输的木材数量超出木材运输证所准运的运输数量处理，即没收超出的 6 立方米的杨木。

第二种意见认为，应当按使用涂改的运输证运输木材处理，即没收所运输的 16 立方米木材，并处没收木材价款 10% ～ 50% 的罚款。

第三种意见认为，除按使用涂改的运输证运输木材，没收所运输的 16 立方米木材，并处没收木材价款 10% ～ 50% 的罚款外，徐某涂改木材运输证的行为已构成犯罪，根据《最高人民法院关于审理破坏森林资源刑事案件具体应用法律若干问题的解释》第 13 条的规定，应移交司法机关追究刑事责任。

第四种意见认为，徐某涂改木材运输证行为已构成犯罪，应直接移交司法机关追究刑事责任。

林业主管部门采纳了第三种意见，对徐某使用涂改木材运输证运输木材的行为进行了处罚；对徐某涂改木材运输证的行为，林业主管部门将案件移交给公安机关立案侦查。

【案件评析】林业主管部门的处理是正确的。

本案中,徐某实施了两个违法行为:① 涂改运输证行为;② 使用涂改的运输证运输木材的行为。

变造是指对原来有效的公文证件印章用涂改、擦消、填充内容等手段非法改换其真实内容的行为。涂改运输证,是指行为人故意添加或者抹去原运输证所填写的内容,更改或者填写新的内容,从而改变其真实性,使之适合自己或他人的需要。涂改属于变造的一种方式。《最高人民法院关于审理破坏森林资源刑事案件具体应用法律若干问题的解释》第13条规定,对于伪造、变造、买卖林木采伐许可证、木材运输证件,森林、林木、林地权属证书,占用或者征用林地审核同意书、育林基金等缴费收据以及其他国家机关批准的林业证件构成犯罪的,依照《刑法》第280条第1款的规定,以伪造、变造、买卖国家机关公文、证件罪定罪处罚。为了严厉打击伪造、变造、买卖国家机关公文、证件的犯罪活动,刑法将此类犯罪规定为行为犯,即只要行为人实施了涂改运输证的行为,不论数量多少均构成此罪。

使用涂改的运输证运输木材,是指行为人使用了经涂改的木材运输证运输木材的行为。根据《森林法实施条例》第44条第3款的规定,使用涂改的木材运输证运输木材的,由县级以上林业主管部门没收非法运输的木材,并处没收木材价款10%~50%的罚款。本案徐某既涂改木材运输证,又使用了涂改的运输证。徐某的行为既触犯了《刑法》,又违反了《森林法实施条例》。所以,林业局可以没收徐某使用涂改运输证运输的16立方米木材,并处没收木材价款10%~50%的罚款。同时,要及时将徐某移交司法机关处理。

【观点概括】涂改运输证和使用涂改运输证运输木材是两种不同性质的行为,应当分别追究法律责任。涂改运输证的行为是犯罪行为,应当追究刑事责任;使用涂改的运输证运输木材的行为,应当给予行政处罚。

第八节 违反森林法规的法律责任

一、违反森林法规的法律责任特点

违反森林法规的法律责任是指自然人、法人或者其他组织,因实施违反《森林法》和其他保护森林法规的行为或者拒不履行森林法规规定的义务按规定应承担的法律后果。违反森林法规的法律责任包括行政责任、民事责任、刑事责任。违反森林法规的法律责任有以下特点:

(1)《森林法》作出刑事处罚的规定

《森林法》第39条、第40条、第41条、第42条、第43条、第46条分别对严重违反《森林法》的各种行为作出刑事处罚规定。

（2）突出行政处罚

违反森林法规的各种行为的情节轻重、危害后果各不相同，实践中大量发生的是一般违法行为。《森林法》及其《森林法实施条例》对这些违法行为突出行政处罚，并对某些违法行为作出给予行政处分的规定。

（3）体现惩罚与教育相结合

森林法规对某些轻微的违法行为，作出包括责令补种树木、责令限期完成造林任务等处罚规定，既达到惩罚违法者的目的，又能起到教育人们造林护林的作用。

（4）维护林业经营者的权益

森林法规对破坏森林资源、侵害经营者利益的违法行为，作出依法赔偿损失、责令限期恢复原状，责令补种树木等处罚规定，以维护经营林业的单位和个人的合法权益。

二、违反森林法规的主要行为及处罚

（一）盗伐森林或者其他林木的行为

盗伐森林或者其他林木的行为，是指行为人以非法占有为目的，违反《森林法》和其他保护森林法规，未取得林木采伐许可证，擅自砍伐国家、集体、他人所有的或者他人承包经营管理的森林或者其他林木，或者擅自砍伐本单位或者本人承包经营管理的森林或者其他林木的行为。虽持有采伐许可证，但在采伐许可证规定的地点以外采伐国家、集体、他人所有或者他人承包经营管理的森林或者其他林木的行为，也属于盗伐林木行为。

1. 对盗伐林木的一般违法行为的行政处罚

① 盗伐森林或者其他林木不足 0.5m³（以立木材积计算，下同）或者幼树不足 20 株的，依法赔偿损失；由县级以上林业主管部门责令补种盗伐株数 10 倍的树木，没收盗伐的林木或者变卖所得，并处盗伐林木价值 3~5 倍的罚款。

② 盗伐森林或者其他林木 0.5m³ 以上或者幼树 20 株以上的，依法赔偿损失；由县级以上林业主管部门责令补种盗伐株数 10 倍的树木，没收盗伐的林木或者变卖所得，并处盗伐林木价值 5~10 倍的罚款。违法者拒不补种树木或者补种不符合国家有关规定的，由林业主管部门代为补种，所需费用由违法者支付。

2. 对盗伐林木的犯罪行为的刑事处罚

盗伐森林或者其他林木，情节严重构成犯罪的，依照《刑法》第 345 条的规定追究刑事责任。盗伐林木罪侵犯两个客体：一是国家的林木采伐管理制度；二是国家、集体或他人的财产所有权。对盗伐林木犯罪行为的刑事处罚，按情节严重程度分为三档：

① 盗伐森林或者其他林木，数量较大的，处 3 年以下有期徒刑、拘役或者管制，并处或者单处罚金。根据最高人民法院《关于审理破坏森林资源刑事案件具体应用法律若干问题的解释》，"数量较大的"的起点，一般是指盗伐林木 2～5m³或幼树 100～200 株，各省、自治区、直辖市高级人民法院可以根据本地区的实际情况，在这个数量幅度内，确定本地区执行的具体数量标准。林木数量以立木蓄积计算。"幼树"是指胸径 5cm 以下的树木。

② 盗伐森林或者其他林木，数量巨大的，处 3 年以上 7 年以下有期徒刑，并处罚金。"数量巨大"的起点，一般是指盗伐林木 20～50m³或幼树 1000～2000 株。

③ 盗伐森林或者其他林木，数量特别巨大的，处 7 年以上有期徒刑，并处罚金。"数量特别巨大"的起点，一般是指盗伐林木 100～200m³以下或幼树 5000～10000 株。

将国家、集体、他人所有并已经伐倒的树木窃为己有，以及偷伐他人房前屋后和自留地上林木的，应当以侵犯他人财产所有权论处，构成犯罪的，以盗窃罪处罚。

（二）滥伐森林或者其他林木的行为

滥伐森林或者其他林木的行为，是指行为人违反《森林法》及其他保护森林法规，未经林业主管部门或法律规定的其他主管部门批准并核发采伐许可证，或者虽持有采伐许可证但违反采伐许可证规定的地点、数量、树种、方式采伐本单位所有或者本人所有的森林或者其他林木的行为。

林木权属争议一方在林木权属确权之前，擅自砍伐森林或者其他林木的，按滥伐林木处理。

下列超过木材生产计划采伐森林或者其他林木的情形，按照滥伐林木行为给予处罚：国有企业事业单位和集体所有单位的年木材产量超过采伐许可证规定数量 5%的；国有企业事业单位不按批准的采伐设计文件进行采伐作业的面积占批准的作业面积 5%以上的；个人违反采伐许可证规定的采伐数量、地点、方式、树种，采伐的林木超过 0.5m³的。

1. 对滥伐林木的一般违法行为的行政处罚

滥伐森林或者其他林木不足 2m³或者幼树不足 50 株的，由县级以上林业主管部门责令补种滥伐株数 5 倍的树木，并处滥伐林木价值 2～3 倍的罚款；

滥伐森林或者其他林木 2m³ 以上或者幼树 50 株以上的，由县级以上林业主管部门责令补种滥伐株数 5 倍的树木，并处滥伐林木价值 3~5 倍的罚款。

2. 对滥伐林木的犯罪行为的刑事处罚

滥伐森林或者其他林木，情节严重构成犯罪的，依照《刑法》第 345 条追究刑事责任。滥伐林木罪侵犯的客体是国家的林木采伐管理制度。对滥伐林木犯罪行为的刑事处罚，按情节严重程度分为两档：

① 滥伐森林或者其他林木，数量较大的，处 3 年以下有期徒刑、拘役或者管制，并处或者单处罚金。"数量较大"的起点，一般是指滥伐林木 10~20m³ 或幼树 500~1000 株。

② 滥伐森林或者其他林木，数量巨大的，处 3 年以上 7 年以下有期徒刑，并处罚金。滥伐林木"数量巨大"，以 50~100m³ 或者幼树 2500~5000 株为起点。

对于一年内多次盗伐、滥伐少量林木未经处罚的，累计其盗伐、滥伐林木的数量，构成犯罪的，依法追究刑事责任。盗伐、滥伐以生产竹材为主要目的的竹林的定罪量刑，由省、自治区、直辖市高级人民法院参照有关规定的精神，规定本地区的具体标准。

（三）非法采伐、毁坏珍贵树木的行为

非法采伐、毁坏珍贵树木的行为，是指行为人未按规定程序申请办理采伐（集）证，而采伐或毁坏国家重点保护的珍贵树木的行为。其中，"毁坏珍贵树木"是指行为人违反保护森林法规的规定，采用剥皮、砍枝、取脂等方式造成珍贵树木死亡或者影响其正常生长的行为。《森林法》第 40 条规定："违反本法规定，非法采伐、毁坏珍贵树木的，依法追究刑事责任。"按本条规定，只要是非法采伐、毁坏珍贵树木的，就是一种犯罪行为，应当追究行为人的刑事责任。这里所说的"珍贵树木"，包括由省级以上林业主管部门或者其他部门确定的具有重大历史纪念意义、科学研究价值或者年代久远的古树名木，国家禁止、限制出口的珍贵树木以及列入国家重点保护野生植物名录的树木。依照《刑法》第 344 条的规定，非法采伐、毁坏珍贵树木的，处 3 年以下有期徒刑、拘役或者管制，并处罚金；情节严重的，处 3 年以上 7 年以下有期徒刑，并处罚金。"情节严重"是指：非法采伐珍贵树木 2 株以上或者毁坏珍贵树木致使珍贵树木死亡 3 株以上的；非法采伐珍贵树木 2m³ 以上的；为首组织、策划、指挥非法采伐或者毁坏珍贵树木的以及其他情节严重的情形。另外，依照《刑法》第 346 条的规定，单位犯非法采伐、毁坏珍贵树木罪的，对单位判处罚金，并对其直接负责的主管人员和其他直

接责任人员，依照《刑法》第344条的规定处罚。

（四）违反规定发放林木采伐许可证、木材运输证件、批准出口文件、允许进出口证明书的行为

《森林法》第41条规定："违反本法规定，超过批准的年采伐限额发放林木采伐许可证或者超越职权发放林木采伐许可证、木材运输证件、批准出口文件、允许进出口证明书的，由上一级人民政府林业主管部门责令纠正，对直接负责的主管人员和其他直接责任人员依法给予行政处分；有关人民政府林业主管部门未予纠正的，国务院林业主管部门可以直接处理；构成犯罪的，依法追究刑事责任。"凭证采伐林木，凭证运输木材，出口珍贵树木及其制品、衍生物凭国务院有关主管部门的批准文件和允许进出口证明书，是国家保护森林资源的重要法律制度。对违反规定发证行为从严处罚的目的是为了保证上述重要法律制度的正确实施。

超限额或者超越职权发放证件、文件的行为主要有两种情况：一是超过批准的年采伐限额发放林木采伐许可证；二是超越职权发放林木采伐许可证、木材运输证件、批准出口文件、允许进出口证明书。这种行为具有以下特征：行为人必须是林业行政机关工作人员或者依照法律从事公务的人员；行为人是明知违反规定发放证件、文件的行为会造成森林资源破坏的结果而故意发放的。

超限额或者超越职权发放证件、文件的行为，如果情节严重，致使森林遭受严重破坏的，依照《刑法》第407条的规定，处3年以下有期徒刑或者拘役。"情节严重"是指：发放林木采伐许可证允许采伐数量累计超过批准的年采伐限额，导致林木被采伐数量在 $10m^3$ 以上的；滥发林木采伐许可证，导致林木被滥伐 $20m^3$ 以上或者珍贵树木被滥伐的；批准采伐国家禁止采伐的林木，情节恶劣的以及其他情节严重的情形。

由于一些地方存在着地方保护主义现象，对超采伐限额或者超越职权发放木材运输证件等行为处罚不力，《森林法》明确规定，如果有关人民政府林业主管部门对这些行为未予纠正的，可以由国务院林业主管部门直接处理，予以纠正。

（五）买卖、伪造林木采伐许可证、木材运输证件、批准出口文件、允许进出口证明书的行为

① 买卖林木采伐许可证、木材运输证件、批准出口文件、允许进出口证明书的行为，是指行为人以营利为目的，非法买卖上述证件、文件的行为。

这种行为包括两种情况：一种是行为人为牟取非法利益而擅自出卖上述证件、文件的行为；另一种是行为人为牟取非法利益，明知上述证件、文件是禁止流通的，而故意购买上述证件、文件的行为。根据《森林法》第42条的规定，对买卖林木采伐许可证、木材运输证件、批准出口文件、允许进出口证明书的行为，林业主管部门可以对卖方、买方分别给予以下处罚：没收违法买卖的证件、文件和违法所得，并处违法买卖证件、文件价款1倍以上3倍以下罚款；情节严重，构成犯罪的，依法追究刑事责任。

② 伪造林木采伐许可证、木材运输证件、批准出口文件、允许进出口证明书的，依法追究刑事责任。这种行为构成《刑法》规定的妨害国家机关公务、证件、印章罪。根据《刑法》的规定，构成该罪是指无制作权的人以冒用方式非法制作上述证件、文件，或者采用涂改、擦消、拼接等方式对上述证件、文件进行改制，变更其真实内容的行为。行为人一经实施上述行为，即构成犯罪，应依法追究刑事责任。

根据最高人民法院《关于审理破坏森林资源刑事案件具体应用法律若干问题的解释》，对于伪造、变造、买卖林木采伐许可证，木材运输证件，森林、林木、林地权属证书，占用或者征用林地审核同意书，育林基金等缴费收据以及其他国家机关批准的林业证件构成犯罪的，依照《刑法》第280条第1款的规定，以伪造、变造、买卖国家机关公文、证件罪定罪处罚。根据犯罪情节轻重，可实施两档处罚：一般情节的，处3年以下有期徒刑、拘役、管制或者剥夺政治权利；情节严重的，处3年以上10年以下有期徒刑。

对于买卖允许进出口证明书等经营许可证，同时触犯《刑法》第225条、第280条规定之罪的，依照处罚较重的规定定罪处罚。

（六）在林区非法收购明知是盗伐、滥伐林木的行为

根据《森林法》及国家有关规定，盗伐的林木应当予以没收，滥伐的林木应按国家有关规定处理，不允许任何单位和个人收购。如果对收购盗伐、滥伐林木的行为不予禁止，必然会引发盗伐、滥伐森林和林木的行为，造成森林资源的破坏。另外，根据有关规定，在林区也不允许随意收购木材，必须是经过有关林业主管部门批准的单位才能到林区直接收购木材。

《森林法》第43条规定了对非法收购明知是盗伐、滥伐的林木行为的处罚。"非法收购"是指按照国家有关规定，不具有在林区收购林木资格的单位和个人在林区收购木材；或者虽然具有在林区收购木材资格的单位，收购明知是盗伐、滥伐林木的行为。如何认定"非法收购明知是盗伐、滥伐的林木"，关键是如何认定行为人处在"明知"的状态。这里所指的"明

知",是指知道或者应当知道。具有以下情形之一的,可以视为应当知道:在非法的木材交易场所或者销售单位收购木材的;收购以明显低于市场价格出售的木材的;收购违反规定出售的木材的。在林区非法收购明知是盗伐、滥伐的林木情节轻微的,由林业主管部门责令停止违法收购林木的行为,没收违法收购的盗伐、滥伐的林木或者变卖所得,可以并处违法收购林木价款1倍以上3倍以下的罚款;情节严重构成犯罪的,依照《刑法》第345条第3款的规定,处3年以下有期徒刑、拘役或者管制,并处或者单处罚金。"情节严重"是指:非法收购盗伐、滥伐的林木 $20m^3$ 以上或者幼树1000株以上的;非法收购盗伐、滥伐的珍贵树木 $2m^3$ 以上或者5株以上的以及其他情节严重的情形。情节特别严重的,处3年以上7年以下有期徒刑,并处罚金。"情节特别严重"是指:非法收购盗伐、滥伐的林木 $100m^3$ 以上或者幼树5000株以上的;非法收购盗伐、滥伐的珍贵树木 $5m^3$ 以上或者10株以上的以及其他情节特别严重的情形。罪名为非法收购盗伐、滥伐林木罪。

(七)毁林开垦和毁林采石、采砂、采土及其他毁林行为

《森林法》第23条规定:"禁止毁林开垦和毁林采石、采砂、采土及其他毁林行为。禁止在幼林地和特种用途林内砍柴、放牧。"在实际中,未经林业主管部门批准,非法进行开垦、采石、采砂、采土、采种、采脂等活动,毁坏森林、林木的现象比较普遍,对森林资源的危害较大。《森林法》及其《森林法实施条例》规定了对这类以非采伐方式毁林行为的处罚。

① 违反规定进行开垦、采石、采砂、采土、采种,致使森林、林木受到毁坏的,或者违反操作技术规程采脂、挖笋、掘根、剥树皮及过度修枝,致使森林、林木受到毁坏的,要依法赔偿损失;由林业主管部门责令停止违法行为,补种毁坏株数1倍以上3倍以下的树木,可以处毁坏林木价值1倍以上5倍以下的罚款。

最高人民法院的《关于审理破坏森林资源刑事案件具体应用法律若干问题的解释》规定,非法实施采种、采脂、挖笋、掘根、剥树皮等行为,牟取经济利益数额较大的,依照《刑法》第264条的规定,以盗窃罪定罪处罚。同时构成其他犯罪的,依照处罚较重的规定定罪处罚。

根据第九届全国人大常委会第二十二次会议通过的对《刑法》第342条的修正案,违法开垦林地情节严重、构成犯罪的,应当依法追究刑事责任。

② 违反规定在幼林地和特种用途林内砍柴、放牧,致使森林、林木受到毁坏的,要依法赔偿损失;由林业主管部门责令停止违法行为,补种毁坏株数

1倍以上3倍以下的树木。对于被责令补种树木的，行为人拒不补种或者补种不符合国家有关规定的，由林业主管部门代为补种，所需费用由违法者支付。

③ 违反规定擅自开垦林地，对森林、林木未造成毁坏或者被开垦的林地上没有林木的，由县级以上林业主管部门责令停止违法行为，限期恢复原状，可以处非法开垦林地每平方米10元以下的罚款。

（八）未按规定完成更新造林任务的行为

更新造林是《森林法》规定的已经采伐林木的单位和个人的一项法律义务，任何采伐林木的单位和个人都必须按规定完成更新造林任务。对没有按照规定完成更新造林任务的，《森林法》及其《森林法实施条例》作了以下处罚规定：

① 采伐林木的单位或者个人没有按照规定完成更新造林任务，情节较轻的，发放采伐许可证的部门有权不再发给采伐许可证，直到完成更新造林任务为止。"没有按照规定完成更新造林任务"，是指依法取得林木采伐许可证并完成了采伐作业的单位和个人，未按规定的期限、面积、株数、树种等完成更新造林任务的行为。行为人可以是单位，也可以是公民个人。这种行为以"不作为"的方式表现，在主观上是故意的。

② 采伐林木的单位或者个人没有按照规定完成更新造林任务，有下列情形之一的，由县级以上林业主管部门责令限期完成造林任务；逾期未完成的，可以处应完成而未完成造林任务所需费用2倍以下的罚款；对直接负责的主管人员和其他直接责任人员，依法给予行政处分：连续两年未完成更新造林任务的；当年更新造林面积未达到应更新造林面积50%的；除国家特别规定的干旱、半干旱地区外，更新造林当年成活率未达到85%的；植树造林责任单位未按照所在地县级人民政府的要求按时完成造林任务的。

（九）未经批准擅自在林区经营、加工木材的行为

《森林法实施条例》第40条规定，对未经县级以上林业主管部门批准，擅自在林区经营（含加工）木材的单位或者个人，由县级以上林业主管部门没收非法经营的木材和违法所得，并处违法所得2倍以下的罚款。这里所称的"木材"，是指原木、锯材、竹材、木片和省（自治区、直辖市）规定的其他木材。

（十）违反规定擅自改变林地用途的行为

为了制止乱占林地、擅自改变林地用途的违法行为，《森林法实施条例》第43条规定：未经县级以上人民政府林业主管部门审核同意，擅自改变林地

用途的，由县级以上林业主管部门责令限期恢复原状，并处非法改变用途林地每平方米 10~30 元的罚款。根据第九届全国人大常委会第二十二次会议通过的对《刑法》第 341 条的修正案，非法占用林地并改做他用情节严重、构成犯罪的，应当依法追究非法占用林地的当事人和审批者的刑事责任。"未经县级以上人民政府林业主管部门审核同意"包括两种情况：一是用地单位依照法定程序向县级以上林业主管部门提出占用或者征用林地申请，经审核，林业主管部门未予同意的；二是用地单位没有依照法定程序向县级以上林业主管部门提出用地申请而擅自改变林地用途的。"责令限期恢复原状"，是指在规定的期限内将擅自改变用途的林地恢复到擅自改变用途前林地的原状。

（十一）非法运输木材的行为

非法运输木材的行为是指行为人违反《森林法》及其他保护森林法规的规定，未取得木材运输证件或者未按木材运输证件的内容运输木材的行为。非法运输木材的方式主要有无证运输、超量或超范围运输、假证运输等。《森林法实施条例》对非法运输木材行为作出以下处罚规定：

① 无木材运输证运输木材的，由县级以上林业主管部门没收非法运输的木材，对货主可以并处非法运输木材价款 30% 以下的罚款。

② 运输的木材数量超出木材运输证所准运的运输数量的，由县级以上林业主管部门没收超出部分的木材；运输的木材树种、材种、规格与木材运输证规定不符又无正当理由的，没收其不相符部分的木材。

③ 使用伪造、涂改的木材运输证运输木材的，由县级以上林业主管部门没收非法运输的木材，并处没收木材价款 10%~50% 的罚款。

④ 承运无木材运输证的木材的，由县级以上林业主管部门没收运费，并处运费 1~3 倍的罚款。

（十二）擅自移动或者毁坏林业服务标志的行为

林业服务标志在保护森林资源和保障林业生产安全等方面发挥着重要的作用。《森林法实施条例》规定：擅自移动或毁坏林业服务标志的，责令限期恢复原状；逾期不恢复原状的，由县级以上人民政府林业行政主管部门代为恢复，所需费用由违法者支付。

【思考与练习】

一、简答题

1. 简述森林、林木、林地登记发证制度的主要规定。

2. 简述森林防火、森林病虫害防治和植树造林的主要规定。
3. 简述森林、林木、林地使用权流转的对象及范围。
4. 林木凭证运输的内容有哪些？
5. 简述占用和征用林地的审批程序。
6. 简述林权争议的解决方法和一般程序。

二、案例分析题

1.【案情介绍】2005年8月，村民魏某准备在该村西空闲地内盖房，村委会到区林业局申请砍伐地内5株杨树，并由区林业局工作人员划号定株，村委会让魏某按证砍伐。魏因盖房堆砖碍事，未经批准，擅自将附近的村集体所有林木3株（其中：榆树2株，地径为23厘米、26厘米；核桃树1株，地径为16.5厘米）以45元的价格与收木材的人谈妥价钱后将树砍伐。经鉴定，所砍树木折合立木蓄积0.335立方米，价值107.60元。对于该案，有几种不同处理意见：

第一种意见认为，此案应定为滥伐林木案件，主要理由是村委会办理了林木采伐许可证并让魏某砍伐，超过林木采伐许可证砍伐的集体林木3株，应按照滥伐林木案件进行处理。

第二种意见认为，此案应定为毁坏林木案件，其主要理由是魏某砍伐该村集体林木的原因是由于盖房堆砖碍事，应按照毁坏林木案件进行处理。

第三种意见认为，此案应定为盗伐林木案件，其主要理由是魏某明知是集体的林木，在未办理林木采伐许可证的情况下擅自砍伐，并变卖后将所得据为己有，此案应按照盗伐林木案件进行处理。

你认为哪种意见是正确的，为什么？

2.【案情介绍】2004年8月，某县鸿发矿业有限公司为了运输矿石，在未经林业主管部门审核同意的情况下，与某责任山户主协商，在给予户主经济补偿后，雇请他人在户主的责任山上修筑矿山公路0.58千米，占用林地3306平方米。2005年6月，某县林业局接到群众举报后受理了此案。林业局在处理此案时，执法人员有两种意见：

第一种意见认为，鸿发矿业有限公司的行为属非法占用林地行为，应按每平方米30元对其实施罚款共9.918万元，并补交森林植被恢复费1.983万元。

第二种意见认为，鸿发矿业有限公司的行为属擅自改变林地用途行为，应责令限期恢复原状，按每平方米30元并处9.918万元的罚款。

你认为哪种意见是正确的，为什么？

3.【案情介绍】甲企业与乙木材加工厂发生了债权债务纠纷，经人民法院判决，乙木材加工厂的60立方米杉原木归甲企业所有，以抵欠款。甲企业收到判决书后，将60立方米的杉原木运往某地销售，途径木材检查站时，被发现没有木材运输证。甲企业拿出判决书证明木材归其所有。对企业凭法院判决书运输木材行为应如何处理，木材检查

站的执法人员有两种意见:

第一种意见认为,人民法院的判决书是具有最终法律效力的法律文书,具有最终的证明力,所以,可以凭判决书运输木材。

第二种意见认为,《森林法》第 37 条第 1 款规定,从林区运出木材,必须持有林业行政主管部门发给的运输证件。所以,运输木材没有林业主管部门的木材运输证件就是无证运输。

你认为哪种意见是正确的,为什么?

4.【案情介绍】2004 年 5 月 8 日下午,某县林业局接到举报,有人在某村集体林场施业区内毁林开垦,请求派人前往处理。5 月 9 日上午,由林业局执法人员组成的专门调查小组进驻该村展开调查。经调查发现,该村村民王某自 2004 年 4 月 20 日至 5 月 5 日间,在村集体林场翻耕土地 3.5 亩(1 亩=0.067 公顷),准备种植玉米和大豆。该片林地系村集体林场的采伐迹地,经择伐作业后,曾留有 20 年生马尾松 30 余株。调查人员在现场发现有部分树木根部的树皮被环割,并就此对王某进行了询问,王某承认是自己为了耕作方便想伐除这些树木,但又担心受到处罚而采取的毁坏行为,准备在树木死亡后再进行了砍伐清理。经勘验,王某采用环割树皮的方法共毁坏马尾松 38 株,受损林木价值人民币 456 元。在案件讨论过程中,存在三种不同意见:

第一种意见认为,王某未经县级以上林业主管部门批准,擅自改变林地用途,应当依据《森林法实施条例》第 43 条的规定,由县林业局责令限期恢复原状,并处非法改变用途林地每平方米 10~30 元的罚款。

第二种意见认为,王某违反《森林法》的规定,翻耕土地准备开垦,其行为属于毁林开垦的性质,应当依据《森林法》第 44 条的规定,由县林业局责令停止违法行为,补种毁坏株数 1 倍以上 3 倍以下的树木,处毁坏林木价值 1 倍以上 5 倍以下的罚款。

第三种意见认为,王某故意毁坏集体森林资源,使集体财产遭受损失,其行为属故意毁坏公私财物行为,应当依据《治安管理处罚条例》给予相应的治安处罚。

你认为哪种意见是正确的,为什么?

单元三

野生动植物保护与自然保护区法律制度

第一节 野生动物保护法律制度

一、野生动物保护法概述

（一）野生动物保护的立法

野生动物保护法是指调整人们在野生动物资源的保护、培育和利用等活动中所产生的各种社会关系的法律规范的总称。一般地说，野生动物保护法是指国家最高立法机关依照法定程序制定的关于野生动物资源保护管理方面的专门法律，目前是指 1988 年 11 月 8 日第七届全国人民代表大会常务委员会第四次会议通过、1989 年 3 月 1 日起施行的《中华人民共和国野生动物保护法》（以下简称《野生动物保护法》），包括总则、野生动物保护、野生动物管理、法律责任、附则 5 章共 42 条。它的颁布与实施，使我国野生动物保护管理工作走上了法律化、规范化、制度化的轨道，对保护野生动物特别是珍贵、濒危野生动物，促进生态平衡起到了十分重要的作用。

从广义上说，野生动物保护法是指与野生动物保护、管理有关的法律规范的总称，通常称为野生动物保护法规。从历史上看，它散见于有关法律、行政法规、地方性法规、规章等各种规范性文件以及有关国际公约之中，成为专门野生动物保护法的法律渊源。例如，1979 年第五届全国人民代表大会通过的《中华人民共和国刑法》规定了非法狩猎破坏野生动物资源罪；1987

年发布的《关于坚决制止乱捕滥猎和倒卖走私珍稀野生动物的紧急通知》，都是关于野生动物保护管理的专门性文件。1981年我国加入的《濒危野生动植物种国家贸易公约》，是规范和协调各国野生动植物种及其衍生物进出口管理的国家公约。从发展角度来看，在专门的野生动物保护法公布施行后，有关法律、行政法规、规章以及规范性文件，都属于专门的野生动物保护法的配套性的法律规范，以保障专门的法律规定的各项制度能够有效地贯彻实施。由于我国的国情、立法条件等原因，我国制定的专门性法律往往比较原则，这就为以后制定行政法规、部门规章、地方性法规和地方政府规章等配套性的法律规范提供了依据和空间。例如，1992年3月1日国务院批准的《中华人民共和国陆生野生动物保护实施条例》，1988年12月10日国务院批准的《国家重点保护野生动物名录》，1991年1月9日林业部发布的《国家重点保护野生动物驯养繁殖许可证管理办法》，1991年1月8日国务院《关于加强野生动物保护严厉打击违法犯罪活动的紧急通知》，2000年11月17日最高人民法院审判委员会第1141次会议通过、自2000年12月11日起施行的《关于审理破坏野生动物资源刑事案件具体应用法律若干问题的解释》等。这些规范性文件，对保护野生动物、规范野生动物保护管理活动中发生的各种社会关系具有重要的现实意义。

（二）野生动物保护法的保护范围

野生动物是指以森林、草原等自然环境为依托而生存的，未经人工驯化的动物的总称。通常，野生动物还包括用于科学研究、文化交流、展览等目的但未经驯化的动物。我国地域辽阔，野生动物种类繁多。据统计，我国现有脊椎动物6266种，其中兽类约500种，鸟类1258种，爬行类412种，两栖类295种，鱼类3862种，约占世界脊椎动物种类的10%。大熊猫、金丝猴、华南虎、藏羚、褐马鸡、绿尾虹雉等均为我国特有的珍贵、濒危动物，也是世界闻名的野生动物。此外，还有已定名的昆虫3000多种。对如此众多的野生动物种类，没有必要全部予以保护，只能根据我国经济社会发展状况，选择一些珍贵、濒危和有益的或者有重要经济、科学研究价值的野生动物进行保护，从而达到维持生态平衡的目的。

根据《野生动物保护法》的规定，受法律保护的野生动物是指珍贵、濒危的陆生、水生野生动物和有益的或者有重要经济、科学研究价值的陆生野生动物。这就从法律上界定了野生动物的保护范围。因此，《野生动物保护法》中的野生动物，是以法律规定的形式出现的，这同自然科学上的野生动物的概念是不同的。

野生动物保护法的保护范围,是通过国家有关机关制定野生动物保护名录的形式来确定应当保护的野生动物的范围。凡是被列入野生动物保护名录的野生动物种类,都是受法律保护的野生动物,反之,则不属于受法律保护的野生动物。根据《野生动物保护法》的规定,1988年12月10日国务院批准、1989年1月14日林业部和农业部发布的《国家重点保护野生动物名录》,确定了国家重点保护的野生动物的范围,规定了国家一级保护的野生动物和国家二级保护的野生动物;2000年8月1日国务院林业行政主管部门发布的《国家保护的有益的或者重要经济、科学研究价值的陆生野生动物名录》,具体确定了有益的或者重要经济、科学研究价值的陆生野生动物保护范围;省、自治区、直辖市通过制定地方重点保护野生动物名录的形式,确定了地方重点保护的野生动物的范围。另外,对从国外引进的野生动物,经省、自治区、直辖市人民政府林业行政主管部门或者国务院林业行政主管部门核准,可以视为地方重点保护野生动物或者国家重点保护野生动物,也列为野生动物保护法的保护范围。

(三) 野生动物保护管理的基本方针

《野生动物保护法》规定,野生动物资源属于国家所有,国家对野生动物实行"加强资源保护、积极驯养繁殖、合理利用"的方针。野生动物资源属于国家所有,任何单位和个人都有保护野生动物资源的义务,对侵占或者破坏野生动物资源的行为有权检举和控告。国家保护依法开发利用野生动物资源的单位和个人的合法权益,鼓励开展野生动物的科学研究和驯养繁殖活动。同时,国家保护珍贵、濒危的野生动物,禁止任何单位和个人非法猎捕和破坏国家或者地方重点保护的野生动物及其生存环境。各级人民政府应当制定保护、发展和合理利用野生动物资源的规划和措施,切实加强对野生动物资源的保护和管理。

在野生动物资源保护、科学研究和驯养繁殖方面成绩显著的单位和个人,由人民政府给予奖励。县级以上各级人民政府有关主管部门应当采取措施鼓励、支持有关科研、教学单位开展野生动物科学研究工作。

二、野生动物保护的法律实施

(一) 野生动物的管理体制

野生动物的管理体制是指保护野生动物的主管部门及其分工。确定野生动物的行政主管部门，主要依据是野生动物的生活习性和特点，以及我国现行的行政管理体制和实际情况，因此，《野生动物保护法》规定了林业、农业行政主管部门分工负责的管理体制。

根据《野生动物保护法》的规定，国务院林业行政主管部门负责全国陆生野生动物的保护管理工作；国务院渔业行政主管部门负责全国水生野生动物的保护管理工作。省、自治区、直辖市人民政府林业行政主管部门负责本行政区域在内陆生野生动物的保护管理工作；自治州、县和市人民政府负责陆生野生动物的行政主管部门，由省、自治区、直辖市人民政府确定；县级以上地方人民政府渔业行政主管部门负责本行政区域内水生野生动物的保护管理工作。

关于陆生野生动物和水生野生动物的法律含义，它不完全等同于自然科学中对野生动物的定义，这主要是为了加强对野生动物管理职责的分工而作出的具体规定，它直接涉及林业、渔业行政主管部门的管理职责，同时也考虑了我国野生动物保护管理的历史和现状。一般来说，陆生野生动物是指主要依靠陆地生存、繁衍的野生动物，包括各种兽类、鸟类、爬行类、昆虫类、部分两栖类等；水生野生动物主要是指鱼类和部分两栖类野生动物。

（二）野生动物的分级管理制度

野生动物的分级管理制度是指根据野生动物资源状况对野生动物进行分类、分级管理的法律规定。根据《野生动物保护法》规定，我国野生动物分为三大类进行保护和管理：国家重点保护野生动物，地方重点保护野生动物和国家保护的有益的或者有重要经济、科学研究价值的陆生野生动物。

1. 国家重点保护野生动物

国家重点保护野生动物，是指国家保护的珍贵、濒危的野生动物，它又分为国家一级保护野生动物和国家二级保护野生动物。这类野生动物的特点，一是数量少、甚至濒临灭绝状态，二是珍贵程度高，属于我国特有的野生动物。如有"国宝"之称的大熊猫，还有金丝猴、赤颈鹤等，都属于数量少、我国特有甚至濒临灭绝状态的野生动物。国家重点保护的野生动物名录由国务院林业、渔业行政主管部门制定及调整，报国务院批准公布。《国家重点保护野生动物名录》将大熊猫、金丝猴、叶猴、长臂猿、藏羚、野马等，列为国家一级保护的野生动物；将小熊猫、穿山甲、黑熊等列为国家二级保护的野生动物。

2. 地方重点保护野生动物

地方重点保护野生动物，是指在国家重点保护野生动物以外，省、自治区、直辖市重点保护的野生动物。这类野生动物在一定地区数量相对较少，应当重点保护。根据《野生动物保护法》的规定,地方重点保护的野生动物名录,由省、自治区、直辖市人民政府制定并公布,报国务院备案。

3. 国家保护的有益的或者有重要经济、科学研究价值的陆生野生动物

国家保护的有益的或者有重要经济、科学研究价值的陆生野生动物,是指国家重点保护的野生动物以外,需要国家保护的陆生野生动物。这类野生动物的数量相对较多,在一定时期内具有一定的经济、科学研究价值,或者在保护生态环境有显著作用的野生动物,如青蛙、蛇类、黄鼬等。根据《野生动物保护法》规定,国家保护的有益的或者有重要经济、科学研究价值的陆生野生动物名录及其调整,由国务院林业行政主管部门制定并公布。2000年8月国务院林业行政主管部门公布了《国家保护的有益的或者有重要经济、科学研究价值的陆生野生动物名录》。

根据《野生动物保护法》的规定,珍贵、濒危的水生野生动物以外的其他水生野生动物的保护,适用渔业法的有关规定。

4. 我国参加的国家公约、协定中规定保护的野生动物

目前,我国参加或者签订的涉及野生动物保护方面的公约有《濒危野生动植物种国际贸易公约》《中日保护候鸟及其栖息环境协定》《中澳候鸟保护协定》等。这些公约、协定都规定我国保护的某些种类野生动物,有些原产于我国的野生动物已由我国法律给予保护;有些没有列入我国的相关野生动物名录之中,以及有些非原产于我国的野生动物,但根据公约或者协定的规定,我国应当予以保护。因此,《中华人民共和国陆生野生动物保护实施条例》和《中华人民共和国水生野生动物保护实施条例》的规定,从国外引进的珍贵、濒危野生动物,经国务院林业、渔业行政主管部门核准,可以视为国家重点保护野生动物;从国外引进的其他野生动物,经省、自治区、直辖市人民政府林业、渔业行政主管部门核准,可以视为地方重点保护野生动物。例如,1993年林业部《关于核准部分濒危野生动物为国家重点保护野生动物的通知》,将《濒危野生动植物种国际贸易公约》附录Ⅰ和附录Ⅱ所列非原产于我国的所有野生动物,如犀牛、食蟹猴、袋鼠、鸵鸟、非洲象、斑马等,同原产我国的国家一级和国家二级保护野生动物一样,按照国家现行法律、法规和规章的规定实施管理。

(三) 野生动物栖息环境保护制度

野生动物栖息环境保护是野生动物保护的一项重要内容。野生动物的栖息环境可以分为森林类型、草原类型、荒漠类型、沼泽类型等。由于自然的原因,每种野生动物都有其不同的栖息环境,而这种栖息环境一旦遭到破坏,该种野生动物就失去了其生存的基础。因此，保护好野生动物的栖息环境，也是保护野生动物的一项重要措施。《野生动物保护法》明确规定，国家保护野生动物及其生存环境；各级野生动物行政主管部门应当组织社会各方面力量，采取生物技术和工程技术措施，维护和改善野生动物生存环境，保护和发展野生动物资源。根据《野生动物保护法》的规定，野生动物栖息环境保护制度包括自然保护区、野生动物生存环境监测、环境影响报告等法律制度。

1. 自然保护区

自然保护区是指国家和地方重点保护野生动物的主要生息繁衍的地区和水域，依照国家有关规定而划定的特殊区域。划定和建立自然保护区，是为了保护国家和地方重点保护野生动物及其生存环境，并加强管理。自然保护区的类型是多种多样的，这里的自然保护区是指野生动物类型自然保护区。目前，在野生动物的主要分布区域，我国已经建立了多种类型的自然保护区，如在大熊猫的主要栖息地的四川省卧龙，建立了国家级自然保护区。

2. 野生动物生存环境监测制度

野生动物资源是自然生态系统的重要组成部分，野生动物的生存和繁衍都离不开它们赖以生存的周围环境。环境将对野生动物的生存具有直接和间接的影响，直接影响容易发现和监测，如野生动物的生存环境受到严重破坏，野生动物的食物、繁衍场所等将不复存在，其直接结果是野生动物的种群退化、数量减少等；间接影响往往发生缓慢，容易被忽视，主要通过环境变化情况来监测对野生动物的影响。

作为保护野生动物的一项重要措施，《野生动物保护法》规定，各级野生动物行政主管部门应当监视、监测环境对野生动物的影响。由于环境影响对野生动物造成危害时，野生动物行政主管主管部门应当会同有关部门进行调查和处理。

3. 环境影响报告制度

环境影响报告制度是指建设项目涉及国家和地方重点保护野生动物的生存环境时，应当依法进行环境评估的法律规定。为了保护野生动物及其生存环境，减少建设项目对野生动物的生存产生不利影响，根据《野生动物保护法》的规定，建设项目对国家和地方重点保护野生动物的生存环境产生不利影响时，建设单位应当提交环境影响报告书。环境保护部门在审批时，应当征求同级野生动物行政主管部门的意见。

环境影响报告制度是我国环境保护法律的一项重要制度。随着环境保护法律不断健全，环境影响报告制度也将不断完善和加强。因此，环境影响报告书的提出和审批,应当按照我国环境保护法等法律的规定进行。

(四) 救护野生动物的法律规定

野生动物是自然生态系统中重要组成部分,有着长期形成、固有的生活习性和特点,虽然在其长期的生息繁衍过程中具备了一定的抵抗自然灾害的能力,但是由于自然界始终处在不断地运动和变化中,自然灾害也时有发生,如地震、洪水、干旱等,这些自然灾害都会给野生动物的生存带来严重的危害,有时甚至是灭绝性的危害。为了保护国家和地方重点保护野生动物,对于因自然灾害导致野生动物受到危害或者其生存受到威胁时,需要人们给予积极的救护。《野生动物保护法》规定,国家和地方重点保护野生动物受到自然灾害威胁时,当地人民政府应当及时采取拯救措施。任何单位和个人发现受伤、病弱、饥饿、受困、迷途的国家和地方重点保护野生动物时,应当及时报告当地野生动物行政主管部门,由野生动物行政主管部门采取救护措施;也可以就近送具备救护条件的单位救护;救护单位应当立即报告野生动物行政主管部门,并按照国务院野生动物行政主管部门的规定办理。

为了及时有效地救护野外病饿伤残大熊猫,根据《野生动物保护法》等法律、法规的规定,国家林业局 2001 年发布的《国家林业局关于野外大熊猫救护工作的规定》,对因病饿伤残等情况失去生存能力的大熊猫的救护工作作了规定。

(五) 因保护野生动物受到损失的补偿制度

《野生动物保护法》规定,公民有保护野生动物资源的义务,但是由于保护野生动物致使公民的合法财产受到损失的,也应当有受到补偿的权利。有关地方政府应当采取措施,预防、控制野生动物所造成的危害,保障人畜安全和农业、林业生产。有关单位和个人对国家和地方重点保护野生动物可能造成的危害,应当采取防范措施。因保护国家和地方重点保护野生动物受到损失的,当事人可以向当地人民政府野生动物行政主管部门提出补偿要求。经调查属实并确实需要补偿的,由当地人民政府按照省、自治区、直辖市人民政府的有关规定给予补偿。

因猎捕野生动物造成农作物或者其他损失的,由猎捕者负责赔偿。

三、重视和加强野生动物管理

野生动物管理即野生动物行政管理,是指各级政府及其有关行政主管部门依照法律规定,保护、发展野生动物资源并保障野生动物资源合理利用的一种行政措施。野生动物管理的基础是定期进行野生动物资源调查,并建立野生动物资源档案。为了拯救濒危、珍贵野生动物,保护和合理利用野生动物资源,《野生动物保护法》以法律形式规定野生动物管理的具体法律制度。

(一)野生动物猎捕管理制度

野生动物猎捕管理,是指在捕捉、猎杀野生动物的所有活动的行政管理,包括猎捕野生动物种类、猎捕工具、禁猎区和禁猎期以及猎捕工具和方法的管理。所谓猎捕是指使用狩猎工具或者方法,在野外自然状态下获得野生动物或者其产品的行为,被猎捕的野生动物不论是否死亡,均属猎捕行为,其中导致猎捕的野生动物死亡的,属于猎杀行为。所谓捕捉是指使用一定的工具和方法,活捉生活在野外自然状态下的野生动物。

1. 猎捕国家重点保护野生动物的主要规定

国家重点保护野生动物是禁止猎捕、杀害的,但是,在特别的情况下经过批准也可以猎捕。这些情况包括:为进行野生动物科学考察、资源调查;为驯养繁殖国家重点保护野生动物,必须从野外获取种源的;为承担省级以上科学研究项目或者国家医药生产任务,必须从野外获取国家重点保护野生动物的;为宣传、普及野生动物知识或者教学、展览的需要;为国事活动的需要;为调控国家重点保护野生动物种群数量和结构,经科学论证必须猎捕的;因其他特殊情况必须猎捕、捕捉国家重点保护野生动物的。

根据《野生动物保护法》的规定,捕捉、猎捕国家重点保护野生动物,必须持有特许猎捕证。申请特许猎捕证的程序如下:①需要捕捉国家一级保护野生动物的,必须附具申请人所在地和捕捉地的省级野生动物行政主管部门签署的意见,向国务院野生动物行政主管部门提出申请。如捕捉的野生动物属于国家一级保护水生野生动物的,附具所在地和捕捉地的省级渔业行政主管部门签署的意见,向国务院渔业行政主管部门提出申请;如捕捉的野生动物属于国家一级保护陆生野生动物的,附具所在地和捕捉地的省级林业行政主管部门签署的意见,向国务院林业行政主管部门提出申请。动物园需要猎捕国家一级保护野生动物的,在向国务院野生动物行政主管部门申请特许猎捕证以前,必须经国务院建设行政主管部门审核同意。②需要在本省(自治区、直辖市)行政区域内猎捕国家二级保护野生动物的,必须附具申请人所在地的县级野生动物行政主管部门签署的意见,向省级野生动物行政主管部门提出申请。如捕捉的野生动物属于国家二级保护水生野生动物的,附具所在地的县级渔业行政主管部门签署的意见,向省级渔业行政主管部门提出申请;如捕捉的野生动物属于国家二级保护陆生野生动物的,附具所在地的县级林业行政主管部门签署的意见,向省级林业行政主管部门提出申请。③需要跨省(自治区、直辖市)行政区域猎捕国家二级保护野生动物的,必须附具申请人所在地的省级野生动物行政主管部门签署的意见,向猎捕地的省级野生动物行政主管部门提出申请。如捕捉的野生动物属于国家二级保护水生野生动物的,附具所在地的省级渔业行政主管部门签署的意见,向猎捕地的省级渔业行政主管部门提出申请;如捕捉的野生动物属于国家二级保护陆生野生动物的,附具所在地的省级林业行政主管部门签署的意见,向猎捕地的省级林业行政主管部门提出申请。动物园需要猎捕国家二级保护野生动物的,在向申请人所在地的省级野生动物行政主管部门申请特许猎捕证以前,必须经同级建设行政主管部门审核同意。负责核发特许猎捕证的野生动物行政主管部门接到申请后,应当在三个月内作出批准或者不批准的决定。

为保护野生动物资源,在下列情况下不予发放特许猎捕证:申请猎捕者有条件以合法的非猎捕方式获得国家重点保护野生动物的种源、产品或者达到所需目的的;猎捕申请不符合国家有关规定或者申请使用的猎捕工具、方法以及猎捕时间、地点不当的;根据野生动物资源现状不宜捕捉、猎捕的。县级人民政府野生动物行政主管部门对在本行政区域在内猎捕国家重点保护野生动物的活动,应当进行监督检查,部将监督检查结果及时向批准猎捕的机关报告。持有特许猎捕证的单位或者个人,应当按照特许猎捕证规定的种类、数量、地点、期限、工具、方法进行猎捕,防止误伤野生动物或者破坏其生存环境。猎捕活动结束后,应当在 10 日内向猎捕地的县级人民政府野生动物行政主管部门申请查验。

2. 猎捕非国家重点保护野生动物的主要规定

非国家重点保护野生动物是指国家重点保护野生动物以外需要保护的野生动物,主要包括地方重点保护野生动物和国家保护的有益的或者有重要经济价值的陆生野生动物。这类野生动物种类较多、数量较多、分布较为广泛,在一些地区有的属于传统的狩猎动物,如狍子、豹猫等,有的是对保护农林生产、维护生态平衡具有重要作用,如大多数鸟类、蛇类、蛙类等。根据《野生动物保护法》规定,地方重点保护野生动物和其他非国家重点保护野生动物的管理,按照省、自治区、直辖市人民代表大会常务委员会制定的地方性法规进行管理。目前,各省、自治区、直辖市根据本地区野生动物资源的实际情况,大都制定了相应的管理办法,将地方重点保护野生动物和其他非国家重点保护野生动物纳入了依法管理的范围。

根据《野生动物保护法》的规定,非国家重点保护野生动物的猎捕管理制度有实行狩猎证猎捕制度和年度猎捕量限额管理制度。狩猎证管理制度，是指狩猎非国家重点保护野生动物必须持有狩猎证，并按照狩猎证规定的种类、数量、地点、期限、工具和方法进行猎捕的制度。狩猎证由省级人民政府林业行政部门按照国务院林业行政主管部门的规定印制，由县级人民政府野生动物行政主管部门或者其授权的单位核发。狩猎证每年验证一次。猎捕量限额管理制度，是指在一定行政区域内根据资源状况对非国家重点保护野生动物猎捕实行确定狩猎动物种类、年度限额管理的制度。狩猎动物种类和年度猎捕量限额，由县级人民政府野生动物行政主管部门根据资源数量，按照保护资源、永续利用的原则提出，经省级林业行政主管部门批准后实行，并报国务院林业行政主管部门备案。狩猎非国家重点保护野生动物的，必须在年度猎捕量限额之内猎捕，核发狩猎证的单位不得超过批准的年度猎捕量限额核发狩猎证。

3．禁猎区和禁猎期制度

禁猎区是指为了保护和恢复野生动物资源，促进野生动物自然繁衍，在一定范围和一定时间内禁止猎捕野生动物的区域。禁猎区可以根据禁止猎捕野生动物的种类划定，也可以根据实际需要划定禁止猎捕任何野生动物的区域，即全面的禁猎区。禁猎期是指为了保护、恢复和扩大野生动物资源，使野生动物自然繁衍得以延续，禁止野生动物的某一特定时期，如在某种野生动物的繁衍期间，禁止猎捕该种野生动物。

根据《野生动物保护法》的规定，禁猎区和禁猎期由县级以上人民政府或者其野生动物行政主管部门根据实际情况划定并公布。

4．猎捕工具和方法的管理

为了达到猎捕野生动物的目的，防止因猎捕野生动物造成其他危害和防止猎捕野生动物带来对环境的不利影响，避免灭绝性地捕杀野生动物，《野生动物保护法》对猎捕工具和方法作了规定。禁止使用军用、气枪、毒药、炸药、地枪、排铳、非人为直接操作并危害人畜安全的狩猎装置、夜间照明行猎、歼灭性围猎、火攻、烟熏以及县级以上各级人民政府或者其野生动物行政主管部门规定禁止使用的其他工具和方法狩猎。

根据《野生动物保护法》的规定，持枪狩猎的，必须取得公安机关核发的持枪证。猎枪是经常使用的狩猎工具，猎枪的种类、性能、质量、数量直接关系到野生动物资源的保护和合理利用，同时，猎枪也是一种对人类具有杀伤力的武器，它关系到社会治安和公共安全。因此，应当对猎枪和弹具的生产、销售和使用进行严格管理。关于猎枪和弹具的生产、销售和使用的管理，按照《中华人民共和国枪支管理法》的规定执行。

（二）野生动物驯养繁殖管理制度

野生动物驯养繁殖管理，是指依法对驯养繁殖野生动物的各种管理活动。所谓驯养繁殖是指在人为控制条件下，为保护、研究、科学实验、展览及其他经济目的而进行的野生动物驯养繁殖活动。驯养繁殖是保护和发展野生动物资源的一项重要措施，既可以保存濒危的野生动物物种，也能够扩大某种野生动物的种群数量。鼓励驯养繁殖野生动物是《野生动物保护法》规定的野生动物保护和管理的方针之一。驯养繁殖国家重点保护野生动物应当依法进行管理，防止以驯养繁殖的名目，破坏野生动物资源。

1. 国家重点保护陆生野生动物驯养繁殖许可证制度

野生动物驯养繁殖实行许可证制度，是野生动物驯养繁殖管理的主要内容。根据《野生动物保护法》的规定，凡是从事驯养繁殖国家重点保护陆生野生动物的单位和个人，必须取得驯养繁殖许可证，并按照许可证规定的种类进行驯养繁殖。以生产经营为主要目的的驯养繁殖国家重点保护陆生野生动物，必须凭驯养繁殖许可证向工商行政管理部门申请登记注册。

2. 申请国家重点保护陆生野生动物驯养繁殖许可证的条件

①有适宜驯养繁殖野生动物的固定场所和必需的设施。②具备与驯养繁殖野生动物种类、数量相适应的资金、人员和技术。③驯养繁殖野生动物的饲料来源有保障。

有下列情况之一的，可以不批准发放驯养繁殖许可证：①野生动物资源不清。②驯养繁殖尚未成功或者技术尚未过关。③野生动物资源极少，不能满足驯养繁殖种源要求的。

3. 国家重点保护陆生野生动物驯养繁殖许可证的核发程序

①申请驯养繁殖许可证的单位和个人，向所在地的县级人民政府野生动物行政主管部门提出书面申请，并填写申请表。驯养繁殖国家一级保护陆生野生动物的，由省级林业行政主管部门报国务院林业动物行政主管部门批准。②驯养繁殖国家二级保护陆生野生动物的，由省级林业行政主管部门批准；驯养繁殖许可证由省级林业行政主管部门核发。

根据野生动物驯养繁殖的实际情况，国务院林业行政主管部门和省级林业行政主管部门可以根据工作需要，委托同级有关部门审批或者核发国家重点保护陆生野生动物驯养繁殖许可证。动物园驯养繁殖国家重点保护陆生野生动物的，林业行政主管部门可以委托同级建设行政主管部门核发驯养繁殖许可证。

（三）野生动物经营利用管理制度

经营利用野生动物管理是指对野生动物及其产品的出售、收购、利用等活动的管理。由于野生动物或者其产品具有财产性，经营利用野生动物可能会导致野生动物资源的破坏，因此，对经营利用野生动物实行管理的目的是为了合理利用野生动物资源，保护和发展野生动物资源。

1. 国家重点保护野生动物的经营利用管理

禁止出售、收购国家重点保护野生动物或者其产品，禁止在集贸市场上出售、收购重点保护野生动物或者其产品。因科学研究、驯养繁殖、展览等特殊情况，需要出售、收购、利用国家一级保护野生动物或者其产品的，应当经国务院野生动物行政主管部门或者其授权的单位批准；需要出售、收购、利用国家二级保护野生动物或者其产品的，应当经省级野生动物行政主管部门或者其授权的单位批准。

驯养繁殖国家重点保护野生动物的单位和个人可以凭驯养繁殖许可证向政府指定的收购单位，按照规定出售国家重点保护野生动物或者其产品。收购驯养繁殖的国家重点保护野生动物或者其产品的单位，由省级人民政府林业行政主管部门商有关部门提出，经同级人民政府或者其授权的单位批准，凭批准文件向工商行政管理部门申请登记注册。经核准登记的单位，不得收购未经批准出售的国家重点保护野生动物或者其产品。

2. 非国家重点保护野生动物的经营利用管理

经营利用非国家重点保护野生动物或者其产品的，应当向工商行政管理部门申请登记注册。经核准登记经营利用非国家重点保护野生动物或者其产品的单位和个人，应当在省级人民政府林业行政主管部门或者其授权单位核定的年度经营利用限额指标内从事经营利用活动。

出售非国家重点保护野生动物或者其产品的单位和个人，应当持有狩猎证，并按照狩猎证规定的种类、数量向核准登记的单位出售，或者在当地人民政府有关部门指定的集贸市场上出售。

3. 野生动物或者其产品经营利用的监督

加强野生动物或者其产品经营利用的监督管理，是野生动物保护管理的一项重要内容，对保护野生动物资源具有重要的作用。各级野生动物行政主管部门和工商行政管理部门应当加强对经营利用野生动物或者其产品的监督管理，建立监督检查制度。对进入集贸市场的野生动物或者其产品，由工商行政管理部门进行监督管理；在集贸市场以外经营野生动物或者其产品，由野生动物行政主管部门、工商行政管理部门或者其授权的单位进行监督管理。

（四）国家重点保护野生动物运输管理制度

国家重点保护野生动物运输管理，是指对运输、携带国家重点保护野生动物或者其产品的管理活动，是防止非法猎捕、杀害国家重点保护野生动物的重要措施之一。

运输、携带国家重点保护野生动物或者其产品出县境的，应当凭特许猎捕证、驯养繁殖许可证，向县级人民政府野生动物行政主管部门提出申请，报省级人民政府林业行政主管部门或者其授权的单位批准。动物园之间因繁殖动物，需要运输国家重点保护野生动物的，可以由省级人民政府林业行政主管部门授权同级建设行政主管部门审批。

根据有关规定，凡是未经批准运输、携带国家重点保护野生动物或者其产品出县境的，野生动物行政主管部门或者其授权的木材检查站有权制止，并按照有关规定予以处罚。

（五）野生动物进出口管理制度

野生动物进出口管理，是指对野生动物或者其产品的进出口的管理活动，是野生动物管理的一个重要内容。

我国是野生动物及其产品进出口活动较多的国家。由于有些野生动物是我国的特有物种，在对外文化交流、展览、动物交换等非贸易活动中也越来越多，这些活动对野生动物资源都有着重要的影响；国外的野生动物进口到我国，也会对我国的生态环境带来一定的影响。在国际上，野生动物及其产品的进出口也是非常活跃的，如果不加强管理，就会对保护野生动物产生不利的影响。为了协调国家之间的野生动物贸易，《濒危野生动植物种国际贸易公约》（以下简称《公约》），对野生动植物及其产品的贸易作了规定。目前，有150多个国家参加了《公约》。《公约》对三个附录规定的物种的产品贸易作出了禁止或者限制性的规定。《公约》实行进出口管理的野生动植物38000多种。根据《公约》规定，附录一所列物种是指受到或者可能受到贸易影响而有灭绝危险的物种；附录二是指目前虽未濒临灭绝，但如对其贸易不严加管理，就可能变成有灭绝危险的物种；附录三是指成员国认为应当进行贸易管理并需要其他成员国协助控制贸易的物种。对这三个附录所列的物种，包括活体、死体或者其任何可辨认的部分或者其衍生物，如果没有取得《公约》规定允许进出口证明书，各成员国不得进行贸易。《公约》规定，各成员国必须指定全国性的"管理机构"和"科学咨询机构"，管理机构代表成员国发放野生动植物及其产品的允许进出口证明书，科学咨询机构负责在国际贸易中出具无害于该物种或者有关物种生存的证明。《公约》的这些规定，是通过各成员国的国内法律规定来实施的。我国于1998年加入了《公约》，必须履行《公约》规定的国际义务。我国的《野生动物保护法》对进出口野生动物及其产品作了规定。

根据《野生动物保护法》及其他有关法规的规定，出口国家重点保护野生动物或者其产品的、进出口中国参加的国际公约所限制进出口的野生动物或者其产品的，必须经进出口单位或者个人所在地的省级野生动物行政主管部门审核，报国务院野生动物行政主管部门或者国务院批准，并取得国家濒危物种进出口管理机构核发的允许进出口证明书。属于贸易性进出口活动的，必须由具有有关商品出口权的单位承担。动物园因交换动物需要进出口野生动物的，国家野生动物行政主管部门批准前或者国务院野生动物行政主管部门报请国务院批准前，应当经国务院建设行政主管部门审核同意。海关凭允许进出口证明书查验放行。另外，法律规定严格限制珍贵、特有野生动物活体的出口，涉及科学技术保密的野生动物物种的出口，按照国家有关规定办理。

2006年4月29日，国务院令第465号公布了《中华人民共和国濒危野生动植物进出口管理条例》，条例共28条，自2006年9月1日起施行。这是规范野生动植物及其产品进出口审批、许可的一部专门行政法规，有利于加强濒危野生动植物及其产品的进出口管理，保护和合理利用野生动植物资源，履行《公约》。

根据条例第7条规定，进口或者出口《公约》限制进出口的濒危野生动植物及其产品，出口国务院或者国务院野生动植物主管部门限制出口的野生动植物及其产品，应当经国务院野生动植物主管部门批准。进口濒危野生动植物及其产品的，必须具备下列条件：①对濒危野生动植物及其产品的使用符合国家有关规定；②具有有效控制措施并符合生态安全要求；③申请人提供的材料真实有效；④国务院野生动植物主管部门公示的其他条件。

出口濒危野生动植物及其产品的，必须具备下列条件：①符合生态安全要求和公共利益；②来源合法；③申请人提供的材料真实有效；④不属于国务院或者国务院野生动植物主管部门禁止出口的；⑤国务院野生动植物主管部门公示的其他条件。

进口或者出口濒危野生动植物及其产品的，申请人应当向其所在地的省、自治区、直辖市人民政府野生动植物主管部门提出申请，并提交下列材料：①进口或者出口合同；②濒危野生动植物及其产品的名称、种类、数量和用途；③活体濒危野生动物装运设施的说明资料；④国务院野生动植物主管部门公示的其他应当提交的材料。

省、自治区、直辖市人民政府野生动植物主管部门应当自收到申请之日起10个工作日内签署意见，并将全部申请材料转报国务院野生动植物主管部门。国务院野生动植物主管部门应当自收到申请之日起20个工作日内，作出批准或者不予批准的决定，并书面通知申请人。在20个工作日内不能作出决定的，经本行政机关负责人批准，可以延长10个工作日，延长的期限和理由应当通知申请人。

申请人取得国务院野生动植物主管部门的进出口批准文件后，应当在批准文件规定的有效期内，向国家濒危物种进出口管理机构申请核发允许进出口证明书。申请核发允许进出口证明书时应当提交下列材料：①允许进出口证明书申请表；②进出口批准文件；③进口或者出口合同。进口《公约》限制进出口的濒危野生动植物及其产品的，申请人还应当提交出口国（地区）濒危物种进出口管理机构核发的允许出口证明材料；出口《公约》禁止以商业贸易为目的进出口的濒危野生动植物及其产品的，申请人还应当提交进口国（地区）濒危物种进出口管理机构核发的允许进口证明材料；进口的濒危野生动植物及其产品再出口时，申请人还应当提交海关进口货物报关单和海关签注的允许进口证明书。

国家濒危物种进出口管理机构应当自收到申请之日起20个工作日内，作出审核决定。对申请材料齐全、符合本条例规定和《公约》要求的，应当核发允许进出口证明书；对不予核发允许进出口证明书的，应当书面通知申请人和国务院野生动植物主管部门并说明理由。在20个工作日内不能作出决定的，经本机构负责人批准，可以延长10个工作日，延长的期限和理由应当通知申请人。国家濒危物种进出口管理机构在审核时，对申请材料不符合要求的，应当在5个工作日内一次性通知申请人需要补正的全部内容。国家濒危物种进出口管理机构在核发允许进出口证明书时，需要咨询国家濒危物种进出口科学机构的意见，或者需要向境外相关机构核实允许进出口证明材料等有关内容的，应当自收到申请之日起5个工作日内，将有关材料送国家濒危物种进出口科学机构咨询意见或者向境外相关机构核实有关内容。咨询意见、核实内容所需时间不计入核发允许进出口证明书工作日之内。

国务院野生动植物主管部门和省、自治区、直辖市人民政府野生动植物主管部门以及国家濒危物种进出口管理机构，在审批濒危野生动植物及其产品进出口时，除收取国家规定的费用外，不得收取其他费用。

进口或者出口濒危野生动植物及其产品的，应当在国务院野生动植物主管部门会同海关总署、国家质量监督检验检疫总局指定并经国务院批准的口岸进行。进口或者出口濒危野生动植物及其产品的，应当按照允许进出口证明书规定的种类、数量、口岸、期限完成进出口活动。进口或者出口濒危野生动植物及其产品的，应当向海关提交允许进出口证明书，接受海关监管，并自海关放行之日起30日内，将海关验讫的允许进出口证明书副本交国家濒危物种进出口管理机构备案。过境、转运和通运的濒危野生动植物及其产品，自入境起至出境前由海关监管。进出保税区、出口加工区等海关特定监管区域和保税场所的濒危野生动植物及其产品，应当接受海关监管，并按照海关总署和国家濒危物种进出口管理机构的规定办理进出口手续。进口或者出口濒危野生动植物及其产品的，应当凭允许进出口证明书向出入境检验检疫机构报检，并接受检验检疫。

（六）对野生动物资源保护管理经费的规定

《野生动物保护法》规定，经营利用野生动物或者其产品的，应当缴纳野生动物资源保护管理费。由于长期以来，人们存在着"野生动物无主，谁猎谁有"的观念，将猎获的野生动物或者其加工的产品全部归猎获者所有，法律规定的"野生动物资源属于国家所有"无法得以体现。例如，某狩猎者从野外猎获了一只狐狸，将其加工后到市场上出售，其出售所得一部分是狩猎者劳动所得，另一部分则是狐狸本身的价值。缴纳野生动物资源保护费，可以通过经济手段调节野生动物的保护管理活动，体现"野生动物资源属于国家所有"的法律规定，对保护野生动物资源是有必要的。

根据国家有关规定，经批准捕捉、出售、收购、利用国家一级保护陆生野生动物的，必须向国务院林业行政主管部门或者其授权的单位缴纳野生动物资源保护管理费；经批准捕捉、出售、收购、利用国家二级保护陆生野生动物的，必须向省级林业行政主管部门或者其授权的单位缴纳野生动物资源保护管理费。对以保护野生动物为目的的科学研究、资源调查或者其他特殊情况，需要捕捉、猎捕国家重点保护野生动物的，可以酌情减免野生动物资源保护管理费。非法经营利用野生动物或者其产品的，不单要依照野生动物保护法律、法规给予处罚，还必须按照规定补收野生动物资源保护管理费。经营利用国家重点保护野生动物或者其产品的，也应当按照规定缴纳野生动物资源保护管理费。

（七）对外国人在中国考察、狩猎野生动物的管理规定

1. 对外国人在中国考察国家重点保护野生动物的规定

根据《野生动物保护法》等法律、法规，外国人在中国境内对国家重点

保护野生动物进行野外考察、采集标本或者在野外拍摄电影、录像的，应当向国家重点保护野生动物所在地的省级野生动物行政主管部门提出申请并经其审核后，报国务院野生动物行政主管部门或者其授权的单位批准。

2．对外国人开放的狩猎场所的规定

对外国人开放的狩猎场所，由国务院野生动物行政主管部门根据实际情况批准。外国人在中国境内狩猎，应当在国务院野生动物行政主管部门批准的对外国人开放的狩猎场所内进行，并且要遵守我国的有关法律、法规的规定。

四、违反野生动物保护法规的法律责任

（一）违反野生动物保护法规的行为及处罚

根据《野生动物保护法》等法律、法规的规定，违反野生动物保护法规的行为及处罚如下。

1．非法猎捕、杀害国家重点保护野生动物的行为

非法猎捕、杀害国家重点保护野生动物是指行为人违反野生动物保护法规的规定，未经批准，猎捕、杀害国家重点保护野生动物的行为。非法猎捕是指违反野生动物保护法规的规定，如未取得特许猎捕证或者未按特许猎捕证的规定猎捕国家重点保护野生动物的行为；非法杀害是指违反野生动物保护法的规定，非法剥夺国家重点保护野生动物生命的行为。

根据《野生动物保护法》《刑法》和《中华人民共和国陆生野生动物保护实施条例》等法律、法规的规定，非法猎捕、杀害国家重点保护野生动物，情节显著轻微危害不大的，或者犯罪情节轻微不需要判处刑罚的，由野生动物行政主管部门没收猎获物、猎捕工具和违法所得，吊销特许猎捕证，并处以相当于猎获物价值 10 倍以下的罚款；没有猎获物的处 1 万元以下的罚款。依照《刑法》第 341 条的规定，非法猎捕、杀害国家重点保护的珍贵、濒危野生动物的，处 5 年以下有期徒刑或者拘役，并处罚金；情节严重的，处 5 年以上 10 年以下有期徒刑，并处罚金；情节特别严重的，处 10 年以上有期徒刑，并处罚金或者没收财产。

《最高人民法院关于审理破坏野生动物资源刑事案件具体应用法律若干问题的解释》规定：《刑法》第 341 条第 1 款规定的"珍贵、濒危野生动物"，包括列入国家重点保护野生动物名录的国家一、二级保护野生动物、列入《公约》附录一、附录二的野生动物以及驯养繁殖的上述物种。并规

定了非法猎捕、杀害珍贵、濒危野生动物属于"情节严重"和"情节特别严重"的各种情形。

2. 非法猎捕野生动物的行为

非法猎捕野生动物是指行为人违反野生动物保护法规的规定，在禁猎区、禁猎期或者使用禁用的工具方法，以及未取得狩猎证或者未按狩猎证的规定猎捕非国家重点保护野生动物的行为。

对在禁猎区、禁猎期或者使用禁用的工具、方法，非法猎捕野生动物的，由野生动物行政主管部门没收猎获物、猎捕工具和违法所得，并处罚款，有猎获物的，处以相当于猎获物价值 8 倍以下的罚款；没有猎获物的，处 2000 元以下的罚款。对未取得狩猎证或者未按狩猎证的规定非法猎捕野生动物的，由野生动物行政主管部门没收猎获物和违法所得，处以罚款，并可以没收猎捕工具、吊销狩猎证；有猎获物的，处以相当于猎获物价值 5 倍以下的罚款；没有猎获物的，处 1000 元以下的罚款。

违反野生动物保护法规和有关枪支管理法规的规定，未取得持枪证而持枪猎捕野生动物的，由公安机关依照治安管理法规的规定给予处罚。

对非法猎捕野生动物情节严重的，构成非法狩猎罪，依照《刑法》第 341 条的规定，处 3 年以下有期徒刑、拘役、管制或者罚金。《最高人民法院关于审理破坏野生动物资源刑事案件具体应用法律若干问题的解释》规定，违反狩猎法规，在禁猎区、禁猎期或者使用禁用的工具、方法狩猎，具有下列情形之一的，属于非法狩猎"情节严重"：非法狩猎野生动物 20 只以上的；违反狩猎法规，在禁猎区或者禁猎期使用禁用的工具、方法狩猎的；具有其他严重情节的。

3. 非法破坏野生动物生存繁衍场所的行为

非法破坏野生动物生存繁衍场所是指违反野生动物保护法规有关保护野生动物生存繁衍场所的规定，在自然保护区、禁猎区破坏国家或者地方重点保护野生动物以及非国家或者地方重点保护野生动物的主要生存繁衍场所，影响野生动物正常生息繁衍活动的行为。

非法破坏野生动物生存繁衍场所的，由野生动物行政主管部门责令停止破坏行为，限期恢复原状，处以罚款。其中，在自然保护区、禁猎区破坏国家或者地方重点保护野生动物主要生存繁衍场所，应处以罚款的，按照相当于恢复原状所需费用 3 倍以下的标准执行；在自然保护区、禁猎区破坏非国家或者地方重点保护野生动物主要生存繁衍场所，应处以罚款的，按照相当于恢复原状所需费用 2 倍以下的标准执行。

非法破坏野生动物生存繁衍场所，被责令限期恢复原状而不恢复的，野生动物行政主管部门或者其授权的单位可以代为恢复原状，由被责令限期恢复原状者承担恢复原状所需的费用。

4. 非法出售、收购、运输、携带野生动物的行为

非法出售、收购、运输、携带野生动物是指违反野生动物保护法规的规定，非法出售、收购、运输、携带国家或者地方重点保护野生动物或者其产品的行为。"非法出售"是指违反野生动物保护法规有关出售的规定，未经有关部门批准，擅自出卖国家或者地方重点保护野生动物或者其产品的行为；"非法收购"是指违反野生动物保护法规有关收购的规定，未经有关部门批准，擅自收购国家或者地方重点保护野生动物或者其产品的行为；"非法运输、携带"是指违反野生动物保护法规有关运输、携带的规定，未经有关部门批准，利用飞机、火车等运输工具或者随身携带的方式，将国家或者地方重点保护野生动物或者其产品，从某一地点运往另一地点的行为。

非法出售、收购、运输、携带国家或者地方重点保护野生动物或者其产品的，由野生动物行政主管部门或者工商行政管理部门没收实物和违法所得，可以并处相当于实物价值10倍以下的罚款。

非法出售、收购、运输国家重点保护的珍贵、濒危野生动物或者其制品，构成犯罪的，处5年以下有期徒刑，并处罚金；情节严重的，处5年以上10年以下有期徒刑，并处罚金；情节特别严重的，处10年以上有期徒刑，并处罚金或者没收财产。

《最高人民法院关于审理破坏野生动物资源刑事案件具体应用法律若干问题的解释》规定：非法收购，包括以营利、自用等为目的的购买行为；非法运输，包括采用携带、邮寄、利用他人、使用交通工具等方法进行运送的行为；非法出售，包括出卖和以营利为目的的加工利用行为。并规定了非法收购、运输、出售珍贵、濒危野生动物，属于"情节严重"和"情节特别严重"的各种情形。

珍贵、濒危野生动物制品的价值，依照国家野生动物保护主管部门的规定核定；核定价值低于实际交易价格的，以实际交易价格认定。

非法出售、收购、运输、携带的国家或者地方重点保护野生动物或者其产品应当予以没收，由野生动物行政主管部门或者其授权的单位按照国务院野生动物行政主管部门的规定处理。

5. 非法进出口野生动物的行为

非法进出口野生动物是指违反野生动物保护法规关于进出口的规定，擅自以携带、运输、邮寄等方式将野生动物或者其产品运出国境或者边境，逃避海关和有关部门对进出口监督管理的行为。非法进出口野生动物行为是违反野生动物或者其产品的进出口管理秩序的行为，也违反我国参加的《濒危野生动植物种国际贸易公约》的有关规定，不仅会破坏国内野生动物资源，也会影响我国的国际声誉。

非法进出口野生动物及其产品的行为也是违反海关法规的行为，根据《野生动物保护法》规定，应由海关依照海关法规的规定给予处罚。海关可以没收非法进出口的野生动物或者其产品和违法所得，并处以罚款。情节严重，构成犯罪的，依照《刑法》第151条关于走私罪的规定追究刑事责任。

《最高人民法院关于审理走私刑事案件具体应用法律若干问题的解释》规定：《刑法》第151条第2款规定的"珍贵动物"，是指列入《国家重点保护野生动物名录》中的国家一、二级保护野生动物和列入《濒危野生动植物种国际贸易公约》中的野生动物以及驯养繁殖的上述物种。走私国家二级保护动物未达到本解释规定的数量标准或者走私珍贵动物制品价值10万元以下的，属于走私珍贵动物、珍贵动物制品罪"情节较轻"，处5年以下有期徒刑，并处罚金。走私珍贵动物及其制品，具有下列情节之一的，处5年以上有期徒刑，并处罚金：走私国家一、二级保护动物达到本解释规定的数量标准的；走私珍贵动物制品价值10万元以上不满20万元的；走私国家一、二级保护动物虽未达到本款规定的数量标准，但具有造成该珍贵动物死亡或者无法追回等恶劣情节的。具有下列情形之一的，属于走私珍贵动物、珍贵动物制品罪"情节特别严重"，处无期徒刑或者死刑，并处没收财产：走私国家一、二级保护动物达到本解释规定的数量标准的；走私珍贵动物制品价值20万元以上的；走私国家一、二级保护动物达到本解释规定的数量标准，并造成该珍贵动物死亡或者无法追回的；走私国家一、二级保护动物达到本解释规定的数量标准，并具有是犯罪集团的首要分子或者使用特种车进行走私等严重情节的。

6. 伪造、倒卖野生动物管理工作证书的行为

伪造、倒卖野生动物管理工作证书是指违反野生动物保护法规关于特许猎捕证等管理工作证书的规定，以获取经济利益为目的，伪造、盗卖和非法转让特许猎捕证、狩猎证、驯养繁殖许可证或者允许进出口证明书的行为。伪造是指制作假的管理工作证书以冒充真的管理证书的行为，包括变造等；盗卖是指违反规定出售或者购买的行为；非法转让是指违反规定出让或者接受证书的行为。特许猎捕证、狩猎证等野生动物管理工作证书是野生动物保护管理工作的重要表现，是禁止伪造、倒卖和非法转让的。

伪造、倒卖野生动物管理工作证书行为的，由野生动物行政主管部门或者工商行政管理部门吊销证件，没收违法所得，并可以处罚款；伪造、倒卖、转让狩

猎证或者驯养繁殖许可证的，按照 5000 元的标准执行；伪造、倒卖、转让特许猎捕证、驯养繁殖许可证或者允许进出证明书的，按照 5 万元的标准执行。

伪造、变造、买卖国家机关颁发的野生动物允许进出口证明书、特许猎捕证、狩猎证、驯养繁殖许可证等公文、证件构成犯罪的，依照《刑法》第 280 条第 1 款的规定以伪造、变造、买卖国家机关公文、证件罪定罪处罚。实施上述行为构成犯罪，同时构成《刑法》第 225 条第 2 项规定的非法经营罪的，依照处罚较重的规定定罪处罚。

7．非法驯养繁殖野生动物的行为

非法驯养繁殖野生动物是指违反野生动物保护法规关于驯养繁殖野生动物的规定，未经有关部门批准或者虽经批准但未按驯养繁殖许可证规定的范围，擅自驯养繁殖国家重点保护野生动物的行为。

非法驯养繁殖野生动物的由野生动物行政主管部门没收违法所得，处以 3000 元以下的罚款，可以并处没收野生动物、吊销驯养繁殖许可证。

8．外国人非法考察野生动物的行为

外国人非法考察野生动物是指外国人违反野生动物保护法规关于外国人考察野生动物的有关规定，未经批准，擅自在中国境内对国家重点保护野生动物进行野外考察、采集标本或者在野外拍摄电影、录像的行为。

外国人非法考察野生动物的行为，由野生动物行政主管部门没收考察、拍摄的资料及所获标本，可以并处 5 万元以下的罚款。

9．非法放生野生动物的行为

非法放生野生动物是指违反野生动物保护法规关于放生野生动物的规定，未经批准或者因管理不善，将野生动物放到野外的行为。根据野生动物保护法规的规定，从国外或者外省引进野生动物进行驯养繁殖的，应当采取措施，防止其逃至野外；需要放生于野外的，放生单位应当向所在地的省级人民政府野生动物行政主管部门提出申请，经省级以上人民政府野生动物行政主管部门指定的科研机构进行科学论证后，报国务院野生动物行政主管部门或者其授权的单位批准。

擅自将引进的野生动物放生于野外或者因管理不善使其逃至野外的，由野生动物行政主管部门责令限期捕回或者采取其他补救措施。非法放生野生动物的，由野生动物行政主管部门责令限期捕回或者采取其他补救措施；被责令限期捕回而不捕的，野生动物行政主管部门或者其授权的单位可以代为捕回，由被责令限期捕回者承担全部捕回所需的费用。

10．与野生动物保护管理有关的治安处罚规定

与野生动物保护管理有关的治安处罚是指与野生动物保护管理有关

的违反治安管理规定的行为,依照治安管理法规应当给予的处罚。根据野生动物保护法规的规定,有下列行为之一,尚不构成犯罪的,由公安机关依照《中华人民共和国治安管理处罚条例》的规定给予处罚:拒绝、阻碍野生动物行政管理人员依法执行职务的;偷窃、哄抢或者故意损坏野生动物保护仪器设备或者设施的;偷窃、哄抢、抢夺非国家重点保护野生动物或者其产品的;未经批准猎捕少量非国家重点保护野生动物的。治安管理处罚由公安机关依法作出,可以处15日以下拘留或者给予警告,单处或者并处罚款。

11. 野生动物管理工作中的渎职行为

野生动物管理工作中的渎职行为是指野生动物行政主管部门的工作人员玩忽职守、滥用职权、徇私舞弊致使野生动物资源遭受破坏的行为。根据有关法律规定,野生动物管理工作中渎职行为,由其所在单位或者上级主管部门机关给予行政处分;情节严重、构成犯罪的,依法追究刑事责任。

(二)野生动物刑事案件管辖及其立案标准

1. 野生动物刑事案件的管辖

根据2001年5月国家林业局、公安部发布的《关于森林和陆生野生动物刑事案件管辖及立案标准》的规定,野生动物刑事案件由森林公安机关管辖;未建立森林公安机关的地方,由地方公安机关负责查处。森林公安机关管辖在其辖区内发生的《刑法》规定的下列野生动物刑事案件:①非法猎捕、杀害珍贵、濒危陆生野生动物案件(《刑法》第341条第1款);②非法收购、运输、出售珍贵、濒危陆生野生动物及珍贵、濒危陆生野生动物制品案件(《刑法》第341条第1款);③非法狩猎案件(《刑法》第341条第2款);④走私珍贵陆生野生动物及珍贵陆生野生动物制品案件(刑法第151条第2款);⑤非法经营案件中,买卖《允许进口证明书》《允许出口证明书》《允许再出口证明书》、进出口原产地证明及国家机关批准的其他关于林业和陆生野生动物的经营许可证明文件的案件(《刑法》第225条第2项);⑥伪造、变造、买卖国家机关公文、证件案件中,伪造、变造、买卖林木和陆生野生动物允许进出口证明书、进出口原产地证明、狩猎证、特许猎捕证、驯养繁殖许可证、林木采伐许可证、木材运输证明、森林、林木、林地权属证书、征用或者占用林地审核同意书、育林基金等缴费收据以及由国家机关批准的其他关于林业和陆生野生动物公文、证件的案件(《刑法》第280条第1、2款);⑦抢劫案件中,抢劫国家重点保护陆生野生动物或其制品的案件(《刑法》第263条);⑧抢夺案件中,抢夺国家重点保护陆生野生动物或其制品的案

第一节 野生动物保护法律制度 87

件（《刑法》第267条）；⑨窝藏、转移、收购、销售赃物案件中，涉及国家重点保护陆生野生动物或其制品的案件（《刑法》第312条）。

2. 野生动物刑事案件的立案标准

根据2001年5月国家林业局、公安部发布的《关于森林和陆生野生动物刑事案件管辖及立案标准》的规定，达到立案起点的，森林公安机关或者地方公安才能按照刑事案件立案查处。

① 非法猎捕、杀害国家重点保护珍贵、濒危陆生野生动物案。凡非法猎捕、杀害国家重点保护的珍贵、濒危陆生野生动物的应当立案，重大案件、特别重大案件的立案标准按照规定执行。

② 非法收购、运输、出售国家重点保护的珍贵、濒危陆生野生动物制品的，应当立案。制品价值在10万元以上或者非法获利5万元以上的，为重大案件；制品价值在20万元以上或非法获利10万元以上的，为特别重大案件。

③ 违反狩猎法规，在禁猎区、禁猎期或者使用禁用的工具、方法狩猎，具有下列情形之一的，应予立案：非法狩猎陆生野生动物20只以上的；在禁猎区或者禁猎期使用禁用的工具、方法狩猎的；具有其他严重破坏野生动物资源情节的。

违反狩猎法规，在禁猎区、禁猎期或者使用禁用的工具、方法狩猎，非法狩猎陆生野生动物50只以上的，为重大案件；非法狩猎陆生野生动物100只以上或者具有其他恶劣情节的，为特别重大案件。

④ 走私珍贵动物、珍贵动物制品案。走私国家重点保护和《濒危野生动植物种国际贸易公约》规定的陆生野生动物及其制品的应当立案；走私国家重点保护的陆生野生动物重大案件和特别重大案件按规定的标准执行。走私国家重点保护和《濒危野生动植物种国际贸易公约》规定的陆生野生动物制品价值10万元以上的，应当立为重大案件；走私国家重点保护和《濒危野生动植物种国际贸易公约》规定的陆生野生动物制品价值20万元以上的，应当立为特别重大案件。

珍贵、濒危陆生野生动物制品的价值，依照国家野生动物行政主管部门的规定核定；核定价值低于实际交易价格的，以实际交易价格认定。

案例分析（一）

被告人高某，男，1935年10月22日出生，汉族，小学文化，农民，2005年4月14日因涉嫌非法出售珍贵、濒危野生动物制品罪被逮捕。

【公诉机关意见】

被告人高某于 2002 年 10 月 25 日,将自己非法杀害的 2 只金丝猴的骨架和捡到的 2 具金丝猴骨架以 72 元的价格卖给林某(另案处理)。经某市野生动植物保护管理站核算,4 具金丝猴骨架的核定价值为人民币 200 万元。公诉机关认为,被告人高某非法出售金丝猴骨架 4 具,情节特别严重,其行为已触犯《中华人民共和国刑法》第 341 条第 1 款之规定,应依法惩处。

【法院审理和判决】

法院审理查明:被告人高某于 1995 年冬天、1996 年冬天先后在毛寨伐木场甘家河、环坦梁两地下套,准备猎捕青鹿。当高某发现两地捕获的均是金丝猴之后,便用刀对已死亡的 2 只金丝猴剥皮、剔肉,将骨架带回家中。1995 年冬天和 1996 年冬天,高某在上述两地还分别捡到金丝猴骨架各 1 具,并带回家中。2002 年 10 月 25 日,高某将 4 具金丝猴骨架以人民币 72 元的价格卖给林某。经某市野生动植物保护管理站核算,4 具金丝猴骨架的核定价值为人民币 200 万元。

法院认为,被告人高某非法出售金丝猴骨架 4 具,情节特别严重,其行为已构成非法出售珍贵、濒危野生动物制品罪。公诉机关指控的罪名和适用法律成立,法院予以采纳。依照《刑法》第 341 条第 1 款、第 64 条之规定判决如下:

一、被告人高某犯非法出售珍贵、濒危野生动物制品罪,判处有期徒刑 12 年,并处罚金人民币 2000 元。

二、随案移送的 4 具金丝猴骨架予以没收。

【评析】

本案被告人高某非法出售 4 具金丝猴骨架,其中有 2 具是其在野外捡拾的,另外 2 具是其在野外将自己非法杀害的 2 只金丝猴剥皮剔肉后从中获取的。从获取金丝猴骨架的途径上看,捡拾金丝猴的行为不构成犯罪,而非法杀害金丝猴后从中获取其骨架的行为则构成非法杀害珍贵、濒危野生动物罪。那么为什么审判机关只追究其非法出售珍贵、濒危野生动物行为的刑事责任,而对其非法杀害珍贵、濒危野生动物行为不进行处罚?

因为被告人高某非法杀害 2 只金丝猴的行为与非法出售被其非法杀害的这 2 只金丝猴的骨架的行为具有牵连关系,从罪数形态的角度看,属于牵连犯。根据《刑法》第 341 条第 1 款和最高人民法院《关于审理破坏野生动物资源刑事案件具体应用法律若干问题的解释》第 3 条第 2 款第 1 项、第 5 条第 2 款第 1 项以及附表的规定,对这种牵连犯无论按非法杀害珍贵、濒危野生动物罪认定,还是按非法出售珍贵、濒危野生动物罪认定,都应处 10 年以上有期徒刑,并处罚金或者没收财产。可见,这两个罪适用的法定刑完全相同,与此同时,刑法和司法解释对这种牵连犯均

第一节　野生动物保护法律制度　89

未规定应按数罪处断，即实行数罪并罚；在实践中按其中的一重罪处断足以体现罪刑相当的基本原则，因而不能实行数罪并罚。

在本案中，被告人高某非法杀害珍贵、濒危野生动物的犯罪行为与非法出售珍贵、濒危野生动物的犯罪行为相比，哪个罪应属于重罪？当然为后者。因为就高某非法杀害这 2 只金丝猴而言，属于间接故意犯罪，而就其非法出售这 2 只金丝猴的骨架而言，属于直接故意犯罪，从构成这两个罪的主观方面分析，前者的罪过程度应轻于后者。而且如果按前者定罪，只能追究其非法杀害 2 只金丝猴的刑事责任；而如果按后者定罪，则应追究其非法出售 4 具金丝猴骨架的刑事责任。由此可见，后者的刑事责任重于前者，理所当然应按重罪处罚。

案例分析（二）

【基本案情】1999 年 7 月 23 日，35 岁的马某将 150 张石貂皮、80 张黄羊皮从某省运往邻省某市出售，被某市林业主管部门执法人员查获。某市林业主管部门委托某动物研究所对扣押的野生动物制品进行鉴定。经鉴定，扣押物属于国家二级保护野生动物制品。

【处理意见】对马某的行为如何定性，存在两种意见：

第一种意见认为，根据《刑法》的有关规定，马某非法运输、出售国家二级保护野生动物制品，其行为已经构成非法收购、运输、出售珍贵、濒危野生动物制品罪，应移送公安机关进行立案侦查。

第二种意见认为，根据《陆生野生动物保护实施条例》的规定，马某违反野生动物保护法规，出售、收购、运输、携带国家或者地方重点保护野生动物或者其产品，构成行政违法，应予以行政处罚。

某市林业主管部门根据国家林业局、公安部《关于森林和陆生野生动物刑事案件管辖及立案标准》关于"非法收购、运输、出售国家重点保护的珍贵、濒危陆生野生动物的应当立案"的规定，将本案移交给某市公安局立案侦查。2001 年 1 月 16 日，某市人民法院依据《刑法》第 341 条的规定，以非法收购、运输、出售珍贵、濒危野生动物制品罪判处马某有期徒刑 1 年。

【案件评析】林业主管部门将案件移送公安机关进行立案侦查的做法是正确的；但是，法院的判决虽然定性正确，但在量刑幅度上把握不准确。

首先，行政违法与刑事犯罪的根本区别在于行为的社会危害性的情节和程度不同。行政违法行为与刑事犯罪行为在表现形式上有相似之处，当某个行政违法行为同时又符合刑法某项罪名的犯罪表现形态时，如何准确认定该行为的性质，成为能否正确适用法律的关键。行政违法行为是指行政法律关系主体违反行政法律规范，侵害受保护的行政法律关系，对社会造成一定程度的危害，尚未构成犯罪的行为。而刑事犯罪是指违反国家的法律规定，给社会造成了严重危害，根据《刑法》的规定应当受到刑事处罚的行为。行政违法与刑事犯罪的根本区别在于行为的社会危害性的情节和程度不同。一般的行政违法行为虽然也具有社会危害性，但其社会危害性的严重性没有达到刑法所规定的犯罪的程度，而刑事犯罪行为是应当依照刑法的规定予以刑事处罚的严重的违法行为。

依照《行政处罚法》第7条第2款和第22条的规定，违法行为构成犯罪的，行政机关必须将案件移送司法机关，依法追究刑事责任，不得以行政处罚代替刑事处罚。本案讨论中出现的第二种意见混淆了行政违法与刑事犯罪的本质区别，因此是错误的。

其次，马某的行为已经涉嫌犯罪，林业主管部门应当将案件移送公安机关进行立案侦查。《刑法》第341条第1款规定，非法猎捕、杀害国家重点保护的珍贵、濒危野生动物的，或者非法收购、运输、出售国家重点保护的珍贵、濒危野生动物及其制品的，处5年以下有期徒刑或者拘役，并处罚金；情节严重的，处5年以上10年以下有期徒刑，并处罚金；情节特别严重的，处10年以上有期徒刑，并处罚金或者没收财产。该款规定的3种量刑幅度如何适用，《最高人民法院关于审理破坏野生动物资源刑事案件具体应用法律若干问题的解释》的附表中列出了具体的数量认定标准。根据这一标准，只要实施了非法猎捕、杀害国家重点保护的珍贵、濒危野生动物，或者非法收购、运输、出售国家重点保护的珍贵、濒危野生动物及其制品，就构成犯罪；非法猎捕、杀害、收购、运输、出售石貂，数量达到4头即属于"情节严重"，达到10头即属于"情节特别严重"；非法猎捕、杀害、收购、运输、出售黄羊，数量达到8头即属于"情节严重"，数量达到15头即属于"情节特别严重"。在本案中，马某非法运输、出售石貂皮150张、黄羊皮80张，已经达到了《刑法》第341条第1款规定的"情节特别严重"的标准，显然已经涉嫌犯罪，依照《刑法》第341条第1款和《最高人民法院关于审理破坏野生动物资源刑事案件具体应用法律若干问题的解释》第3条的规定，应当处10年以上有期徒刑，并处罚金或者没收财产。因此，林业主管部门将案件移送公安机关进行立案侦查的做法是正确的。

最后，法院对案件的定性是正确的，但量刑不当。这涉及对《刑法》第341条第1款规定的量刑幅度的理解问题。根据《最高人民法院关于审理破坏野生动物资源刑事案件具体应用法律若干问题的解释》，马某的行为属于"情节特别严重"，应当对马某判处10年以上有期徒刑，并处罚金或者没收财产。本案中，法院以非法收购、运输、出售珍贵、濒危野生动物制品罪判处马某有期徒刑 1 年,显然偏轻。

【观点概括】行政违法与刑事犯罪的根本区别在于行为的社会危害性的情节和程度不同。违法行为构成犯罪的,行政机关必须将案件移送司法机关,依法追究刑事责任,不得以行政处罚代替刑事处罚。

第二节 野生植物保护法律制度

一、野生植物保护条例概述

(一)野生植物保护的立法

野生植物保护法是指调整人们在野生植物保护、管理和利用等活动过程中所产生的各种社会关系的法律规范的总称。野生植物保护法通常有广义和狭义之分。从广义上说,野生植物保护法是指所有与保护野生植物有关的法律、法规和各种规范性文件、有关国际公约。从狭义上说,是指国家立法机关依照法定程序制定的关于野生植物资源保护管理方面的专门法律、法规。目前是指 1996 年 9 月 30 日国务院发布、自 1997 年 1 月 1 日起施行的《中华人民共和国野生植物保护条例》。它包括总则、野生植物保护、野生植物管理、法律责任、附则 5 章共 32 条。它的颁布与实施,使我国野生植物保护管理工作走上了法律化、规范化的轨道,对保护野生植物,促进生态平衡起到了十分重要的作用。通常所说的野生植物保护法是指《中华人民共和国野生植物保护条例》(以下简称《野生植物保护条例》)。

(二)野生植物的概念和保护范围

野生植物是指以森林、草原等自然环境为依托而生存的,未经人工栽培的植物的总称,包括已经发现但未命名的植物。我国是野生植物种类繁多的国家之一。据统计,我国有植物种类 30000 多种,居世界第 3 位。由于我国地形复杂,气候多样,有些植物种类为我国所特有并处于濒危状态,如水杉、银杉、台湾杉、百山祖冷杉等。

目前,法律规定受保护的野生植物并不是生存在自然界中的所有植物。根据《野生植物保护条例》的规定,受保护的野生植物是指原生地天然生长的珍贵植物和原生地天然生长并具有重要经济、科学研究、文化价值的濒危、稀有野生植物。它有以下特征：①原生性。受保护的野生植物是指那些生长在原生地的植物，一旦通过人类活动离开其原生地，就不再是受保护的野生植物。②天然性。受保护的野生植物必须是天然生长的，如在植物园、树木园等通过人工培育出来的植物，也不再是受保护的野生植物。③珍贵、稀有程度高。有些野生植物具有原生性和天然性，但对人类来说，没有达到珍贵、稀有或者处于濒危状态，也不是受保护的野生植物。

有些野生植物分布在城市园林、自然保护区、风景名胜区内，有些野生植物主要用于发挥其药用价值，对这些野生植物的保护管理，在适用《野生植物保护条例》规定的同时也适用其他有关法律、行政法规的规定（如《中华人民共和国自然保护区条例》《城市绿化条例》等）。

（三）野生植物保护管理的基本原则

野生植物保护是指各级人民政府及其野生植物行政主管部门依照法律、法规的规定，对国家和地方重点保护野生植物及其生存环境进行保护的法律措施。

野生植物管理即野生植物行政管理，是指各级人民政府及有关行政主管部门依照法律、法规的规定，保护野生植物资源并保障野生植物资源合理利用的一种行政措施。野生植物管理的基础是定期进行野生植物资源调查，并建立野生植物资源档案。

保护野生植物，对于保护生物多样性，维护生态平衡，具有重要的现实意义。对野生植物资源实行加强保护、积极发展、合理利用，是野生植物保护的重要方针，这三个方面的内容是互相联系和制约的。国家保护依法开发利用和经营管理野生植物资源的单位和个人的合法权益，鼓励和支持野生植物科学研究、野生植物就地保护和迁地保护。在野生植物资源保护、科学研究、培育利用和宣传教育方面成绩显著的单位和个人，由人民政府给予奖励。县级以上各级人民政府有关主管部门要开展保护野生植物的宣传教育，普及野生植物知识，提高公民保护野生植物的意识，调动人们保护野生植物的积极性。任何单位和个人都有保护野生植物资源的义务，对侵占或者破坏野生植物及其生长环境的行为有权检举和控告。

二、野生植物保护的法律规定

（一）野生植物的管理体制

野生植物的管理体制是指野生植物的行政主管部门及其保护野生植

物的职责分工。我国野生植物种类繁多，分布范围广，我国野生植物管理实行林业和农业行政主管部门依照分工主管、其他有关行政部门分工负责的管理体制。

根据《野生植物保护条例》的规定，国务院林业行政主管部门和国务院农业行政主管部门是国务院主管野生植物的主管部门，依照职责分工分别负责野生植物的监督管理工作。国务院建设、环境保护等有关行政部门依照职责分工和有关法律规定进行保护管理。其具体规定是：国务院林业主管部门主管全国林区内野生植物和林区外珍贵野生树木的监督管理工作，国务院农业行政主管部门主管全国其他野生植物的监督管理工作；国务院建设行政主管部门负责城市园林、风景名胜区内野生植物的监督管理工作；国务院环境保护部门负责对全国野生植物环境保护工作的协调和监督；国务院其他有关部门依照职责分工负责有关的野生植物保护工作；县级以上地方人民政府负责野生植物管理工作的部门及其职责，由省级人民政府根据当地具体情况确定。

（二）野生植物的分级保护

野生植物的分级保护制度是指根据野生植物资源状况对野生植物进行分类、分级保护和管理的法律规定。根据《野生植物保护条例》的规定，我国的野生植物分为两大类进行保护和管理。

1. 国家重点保护野生植物

国家重点保护野生植物是指国家保护的珍贵、濒危、稀有的野生植物，分为国家一级保护野生植物和国家二级保护野生植物。这类野生植物的特点，一是数量少、甚至濒临灭绝状态，二是珍贵程度高，属于我国特有的野生植物。国家重点保护野生植物名录由国务院林业行政主管部门、农业行政主管部门商国务院环境保护、建设等有关部门制定，报国务院批准公布。1999年8月4日国务院批准、1999年9月9日国务院林业、农业行政主管部门发布了《国家重点保护野生植物名录（第一批）》。

2. 地方重点保护野生植物

地方重点保护野生动物是指在国家重点保护野生植物以外，由省、自治区、直辖市重点保护的野生植物。这类野生植物在一定地区数量相对较少，相对珍贵，应当重点保护。根据《野生植物保护条例》的规定，地方重点保护的野生植物名录，由省、自治区、直辖市人民政府制定并公布，报国务院备案。地方重点保护野生植物的管理办法，由省、自治区、直辖市人民政府制定。

（三）野生植物生存环境保护制度

野生植物的生存环境保护是野生植物保护的一项重要内容。保护野生植物生存环境，是保护野生植物的关键措施。国家保护野生植物及其生存环境，禁止任何单位和个人非法破坏野生植物的生存环境。

野生植物生存环境保护制度包括以下法律措施：

1. 自然保护区或者保护点

在国家重点保护野生植物物种和地方重点保护野生植物物种的天然集中分布区域，建立自然保护区，加强对野生植物生存环境的保护。在野生植物天然集中分布区域外的其他区域，县级以上地方人民政府野生植物行政主管部门和其他有关部门可以根据实际情况建立国家重点保护野生植物和地方重点保护野生植物的保护点或者设立保护标志。禁止破坏国家重点保护野生植物和地方重点保护野生植物的保护点的保护设施和保护标志。

自然保护区的建立和管理，依照有关法律、行政法规的规定办理。

2. 野生植物生存环境监测制度

野生植物的生存环境对野生植物的生长和生存产生直接和间接的影响。对野生植物生存环境进行监测，是为了保障国家重点保护野生植物和地方重点保护野生植物处在良好的生存环境之中和处在良好的生长条件下。这也是保护野生植物的重要措施。

野生植物行政主管部门及其他有关部门应当监视、监测环境对国家重点保护野生植物生长和地方重点保护野生植物生长的影响，并采取措施，维护和改善国家重点保护野生植物和地方重点保护野生植物的生长条件。由于环境影响对国家重点保护野生植物和地方重点保护野生植物的生长造成危害时，野生植物行政主管部门应当会同有关部门调查并依法处理。

3. 环境影响报告制度

环境影响报告制度是指建设项目对国家和地方重点保护野生植物的生长环境产生不利影响时，应当依法进行环境评估的法律规定。为了保护野生植物及其生长环境，减少建设项目对野生植物的生存和生长产生不利影响，根据《野生植物保护条例》的规定，建设项目对国家重点保护野生植物和地方重点保护野生植物的生长环境产生不利影响时，建设单位提交的环境影响报告书中必须对野生植物生长影响的程度作出评价；环境保护部门在审批环境影响报告书时，应当征求同级野生植物行政主管部门的意见。

环境影响报告制度是我国环境保护法律的一项重要制度。随着环境保护法律不断健全，环境影响报告制度也将不断完善和加强。因此，环境影响报告书的提出和审批,应当按照我国环境保护法律的规定进行。

4. 野生植物的迁地保护

野生植物迁地保护是指当国家重点保护野生植物和地方重点保护野生植物在原生地的生长和生存受到严重威胁时,为了防止该种野生植物的灭绝,将该种野生植物从原生地迁出到安全的区域进行保护或者拯救的一项措施。

国家重点保护野生植物和地方重点保护野生植物,实行在其天然生长地区进行保护为主的措施。但是,由于野生植物的生长和生存环境受到破坏,其生长和生存受到威胁,如不采取其他有效措施,该种物种将会灭绝。为了保护该种野生植物物种得以延续,保护生物多样性,采取从其原生地迁出到异地或者建立繁育基地、种质资源库等方式进行保护和拯救,是十分有效的保护方法,也是十分必要的。

《野生植物保护条例》规定,野生植物行政主管部门和有关单位对生长受到威胁的国家重点保护野生植物和地方重点保护野生植物应当采取拯救措施,保护或者恢复其生长环境,必要时应当建立繁育基地、种质资源库或者采取迁地保护措施。

三、野生植物管理的法律规定

(一)野生植物采集许可制度

野生植物采集许可制度是指采集国家重点保护野生植物必须凭采集证方可进行采集的法律规定。这是野生植物管理的一项重要内容,对保护野生植物资源具有重要的作用。国家重点保护野生植物都是国家的宝贵财产,属于我国特有、珍贵、濒危的物种,一旦灭失就难以恢复,造成的损失也难以估量,因此,《野生植物保护条例》规定了严格的采集许可制度。

1. 野生植物采集证的申请

在一般情况下,禁止采集国家一级保护野生植物。因科学研究、人工培育、文化交流等特殊需要,采集国家一级保护野生植物的,必须经采集地的省级野生植物行政主管部门签署意见后,向国务院野生植物行政主管部门或者其授权的机构申请采集证。采集国家二级保护野生植物的,必须经采集地的县级野生植物行政主管部门签署意见,向省级野生植物行政主管部门或者其授权的机构申请采集证。采集城市园林或者风景名胜区内的国家重点保护野生植物的,必须事先征得城市园林或者风景名胜区管理机构同意,按照规定向省级以上野生植物行政主管部门或者其授权的机构申请采集证。

采集珍贵野生树木或者在林区、草原上的野生植物的，依照《森林法》《中华人民共和国草原法》（以下简称《草原法》）的规定办理。例如《森林法》第 24 条规定：对自然保护区以外的珍贵树木和林区内具有特殊价值的植物资源，应当认真保护；未经省、自治区、直辖市林业主管部门批准，不得采伐和采集。

国家重点保护野生植物采集证的格式由国务院野生植物行政主管部门制定。

2. 采集国家重点保护野生植物应当遵守的规定

① 采集国家重点保护野生植物的单位和个人必须凭省级以上野生植物行政主管部门核发的采集证进行，并且按照采集证规定的种类、数量、地点、期限和方法进行采集。

② 县级人民政府野生植物行政主管部门应当对在本行政区域采集活动进行监督检查，并及时将检查结果报批准采集的野生植物行政主管部门或者其授权的机构。

（二）野生植物出售和收购制度

野生植物出售和收购制度是指野生植物行政主管部门依法对国家重点保护野生植物的出售和收购活动进行管理的制度。野生植物出售和收购管理，是保护野生植物的一项重要措施。如果在出售和收购环节放松管理，将会诱发采集国家重点保护野生植物的行为，导致野生植物资源受到破坏。

① 在任何情况下禁止出售和收购国家一级保护野生植物。

② 出售、收购国家二级保护野生植物的，必须经省级野生植物行政主管部门或者其授权的机构批准方可进行。

③ 为加强对出售、收购等经营利用国家二级保护野生植物行为的管理，野生植物行政主管部门应当加强对经营利用国家二级保护野生植物的活动进行监督检查。

（三）野生植物进出口管理制度

野生植物进出口管理制度是指对出口国家重点保护野生植物或者进出口中国参加的国际公约所限制进出口的野生植物进行管理的制度。这是保护国家重点保护野生植物资源，保护生物多样性的一项重要措施。我国参加的《濒危野生动植物种国际贸易公约》对野生植物进出口的批准、发证等作出了规定，并在附录中列出了在国际上禁止或者限制贸易的野生植物物种名录。加强野生植物的进出口管理，也是我国应当履行的国际义务。

① 出口国家重点保护野生植物或者进出口中国参加的国际公约所限制进出口的野生植物的，必须经进出口者所在地的省级野生植物行政主管部门审核，报国务院野生植物行政主管部门批准，并取得国家濒危物种进出口管理机构核发的允许进出口证明书或者标签。海关凭允许进出口证明书查验放行。

② 国家禁止出口未定名的或者新发现并具有重要价值的野生植物。

应当说明，为了履行中国缔结或者参加的与保护野生植物有关的国际公约规定的国际义务，如履行《濒危野生动植物种国际贸易公约》所规定禁止或者限制野生植物的义务，如果国际公约的规定与我国的野生植物保护法规有不同规定的，适用国际公约的规定，但我国声明保留的条款除外。

（四）对外国人在中国境内采集、收购或者考察野生植物的规定

我国野生植物种类繁多，资源丰富，具有多种生物特性，为了防止我国植物物种流失，国家对外国人在中国境内采集、收购或者考察国家重点保护野生植物的行为是严格限制的。

根据《野生植物保护条例》的规定，外国人不得在中国境内采集或者收购国家重点保护野生植物。外国人在中国境内对国家重点保护野生植物进行野外考察的，必须向国家重点保护野生植物所在地的省级野生植物行政主管部门提出申请，经其审核后，报国务院野生植物行政主管部门或者其授权的机构批准。外国人直接向国务院野生植物行政主管部门提出申请的，国务院野生植物行政主管部门在批准前，应当征求有关省级野生植物行政主管部门的意见。

四、违反野生植物保护条例的法律责任

（一）违反野生植物保护法规的行为及处罚

根据有关法律、法规的规定，违反野生植物保护法规的行为及处罚如下。

1. 非法采集国家重点保护野生植物的行为

非法采集国家重点保护野生植物是指行为人违反野生植物保护法规的规定，未取得采集证或者未按采集证的规定采集国家重点保护野生植物的行为。

非法采集国家重点保护野生植物的，由野生植物行政主管部门没收所采集的野生植物和违法所得，可以并处违法所得10倍以下的罚款；有采集证的，并可以吊销采集证。

非法采集国家重点保护野生植物，情节严重，构成犯罪的，依法追究刑事责任。

2．非法出售、收购野生植物的行为

非法出售、收购野生植物是指违反野生植物保护法规的规定，未经有关野生植物行政主管部门批准，非法出售、收购国家重点保护野生植物的行为。

非法出售、收购国家重点保护野生植物的，由野生动物行政主管部门或者工商行政管理部门按照职责分工没收野生植物和违法所得，可以并处违法所得10倍以下的罚款。

非法出售、收购国家重点保护野生植物，情节严重、构成犯罪的，依法追究刑事责任。

3．非法进出口野生植物的行为

非法进出口野生植物是指违反野生植物保护法规关于进出口的规定，擅自以携带、运输、邮寄等方式将野生植物运出国境或者边境，逃避海关和有关部门对进出口监督管理的行为。非法进出口野生植物行为违反野生植物或者其产品的进出口管理秩序，也违反我国参加的《濒危野生动植物种国际贸易公约》的有关规定，不仅破坏国内野生植物资源，也影响我国的国际声誉。

非法进出野生植物的行为也是违反海关法规的行为。根据《野生植物保护条例》规定，由海关依照海关法规的规定给予处罚。海关可以没收非法进出口的野生植物或者其产品和违法所得，并处以罚款。情节严重、构成犯罪的，依法追究刑事责任。

4．伪造、倒卖、转让野生植物管理工作证书的行为

伪造、倒卖、转让野生植物管理工作证书是指违反野生植物保护法规关于采集证、允许进出口证明书等管理工作证书的规定，以获取经济利益为目的，伪造、倒卖和转让采集证、允许进出口证明书或者有关批准文件、标签的行为。

伪造、倒卖、转让野生植物管理工作证书的，由野生植物行政主管部门或者工商行政管理部门按照职责分工收缴，没收违法所得，可以并处5万元以下的罚款。

5．外国人非法采集、收购或者考察野生植物的行为

外国人非法采集、收购或者考察野生植物的行为，是指外国人违反野生植物保护法规关于外国人采集、收购或者考察野生植物的有关规定，未经批准，擅自在中国境内采集、收购国家重点保护野生植物或者在中国境内对国家重点保护野生植物进行野外考察的行为。

外国人非法采集、收购或者考察野生植物的，由野生植物行政主管部门没收所采集、收购的野生植物和考察资料，可以并处 5 万元以下的罚款。

6. 野生植物管理工作中的渎职行为

野生植物管理工作中的渎职行为是指野生植物行政主管部门的工作人员玩忽职守、滥用职权、徇私舞弊致使野生植物资源遭受破坏的行为。根据有关法律规定，对工作人员在野生植物管理工作中渎职的，依法给予行政处分；情节严重、构成犯罪的，依法追究刑事责任。

（二）野生植物刑事案件管辖及其立案标准

根据 2001 年 5 月国家林业局、公安部发布的《关于森林和陆生野生动物刑事案件管辖及立案标准》的规定，野生动物刑事案件由森林公安机关管辖；未建立森林公安机关的地方，由地方公安机关负责查处。

森林公安机关管辖在其辖区内发生的刑法规定的走私珍稀植物、珍稀植物制品案件（《刑法》第 151 条第 3 款）。走私国家禁止进出口的珍稀植物、珍稀植物制品的应当立案；走私珍稀植物 2 株以上、珍稀植物制品价值在 2 万元以上的，为重大案件；走私珍稀植物 10 株以上、珍稀植物制品价值在 10 万元以上的，为特别重大案件。

涉及野生植物的其他刑事案件，如伪造、买卖允许进出口证明书等，按照《关于森林和陆生野生动物刑事案件管辖及立案标准》的规定执行。

案例分析

被告人杨某，男，1966 年 4 月 14 日出生，满族，小学文化，农民。1983 年 9 月 21 日因犯盗窃罪、故意伤害罪被判处有期徒刑 7 年，1990 年 1 月 4 日刑满释放。2003 年 3 月 5 日因涉嫌非法收购、运输、出售国家重点保护植物罪被某省森林公安局刑事拘留，同年 4 月 3 日被依法逮捕。

被告人李某，男，1948 年 2 月 4 日出生，哈尼族，小学文化，农民。2003 年 3 月 5 日因涉嫌非法收购、运输、出售国家重点保护植物罪被某省森林公安局刑事拘留，同年 4 月 3 日被依法逮捕。

被告人段某，男，1971 年 9 月 1 日出生，汉族，小学文化，农民。2003 年 3 月 5 日因涉嫌非法收购、运输、出售国家重点保护植物罪被某省森林公安局刑事拘留，同年 4 月 3 日被依法逮捕。

【公诉机关意见】

2003 年 2 月中旬，杨某、李某、王某（在逃）在某县漫滩村以每千克 2.4 元的价格非法收购国家重点保护植物黄草16.7吨,并雇用段某一驾驶的货车将黄草运到某市。2月27日杨某、李某将黄草以每千克4.3元的价格出售给浙江人俞某(在逃),得款68 500元。此后,杨某、李某又返回某县漫滩村以每千克2.4元的价格再次非法收购黄草17.38吨,雇用段某一驾驶的货车将黄草运至某市,准备出售时被公安机关现场抓获。公诉机关认为,被告人杨某、李某构成非法收购、运输、出售国家重点保护植物罪,被告人段某一构成非法运输国家重点保护植物罪,应依法惩处。

【法院审理和判决】

法院审理查明:2003年2月初,某县漫滩村的王某(在逃)联系杨某找买主出售黄草,杨某便邀约开过车对运输及路途检查情况熟悉的李某一起"做",约定得利后平分。2月24日,李某联系段某一"运货",段某一让与其一同为左某开货车的堂兄段某二到漫滩村,找到李某、杨某,从王某家将一批黄草装车(该批黄草系王某以每千克2.4元价格收购,王、杨、李约定待出售后平分获利),途中段某一才知道所运货物是黄草。2月27日,杨某、李某、王某、段某一、段某二到某市,经过磅16.7吨,后将黄草以68500元的价格出售给浙江人俞某(在逃)。次日双方通过中国农业银行某市分理处结账付款后,杨某付给段某二运费及修车费5500元(该款已由左某于3月25日交到某省森林公安局)。然后王某、杨某、李某约定暂不分利,继续收购、出售黄草。3月1日,李某联系段某二后,段某二开车来到王某家,将又一批以每千克2.4元收购的黄草装车,杨某、李某、段某一及搭车的段某三(段某一的堂弟)同车到某市。3月4日,杨某、李某在某市金马村思茅停车场准备出售时,经人举报被某省森林公安局侦查员抓获,扣押该批黄草17.38吨。之后,杨、李、段分别供述了前两次非法收购、运输、出售黄草的事实。经鉴定,被扣押的黄草包括美花石斛、流苏石斛、束花石斛、铁皮石斛、金钗石斛,均为《濒危野生动植物种国际贸易公约》中二级保护植物和《国家重点保护野生中药材物种名录》中三级保护药材。

法院认为,杨某的辩护人提出的黄草虽不是《野生植物保护条例》中严格意义的国家重点保护野生植物,而是《国家重点保护野生中药材物种名录》中的三级保护药材,但其属于我国参加的《濒危野生动植物种国际贸易公约》所保护的二级植物,非法收购、运输、出售该植物均为犯罪行为的观点符合法律规定,予以支持。并且根据《刑法》第344条规定,只要实施非法收购、运输、出售国家重点保护野生植物行为,即构成犯罪。杨某、李某是以不同出资方式合伙、分工不同的共同犯罪行为人,在共同犯罪中所起的作用相当,无主从之分,均应对共同犯罪承担刑事责任。杨某辩称第一次有每袋50千克的80袋黄草是合法收购的,无证据证明,法院不予采纳。段某一在明知帮助他人运输黄草属违法行为后,仍然再次参与并实施非法运输行为，其行为不构成犯罪的观点，法院不予采纳。杨某的辩护人提交出示的杨某系残疾人、家庭经济困难、家人代交罚金等证据，公诉机关无异议，法院依法予以确认。公诉机关指控被告人杨某、李某、段某一犯罪的事实清楚，证据确凿充分，指控罪名成立。鉴于三被告人如实供述犯罪事实、认罪态度好、且未造成严重社会危害后果的事实，法院对三被告人可依法从轻处罚。依据《刑法》第144条、第25条、第64条之规定，判决如下：

一、被告人杨某犯非法收购、运输、出售国家重点保护植物罪，判处有期徒刑6个月。并处罚金1万元。

二、被告人李某犯非法收购、运输、出售国家重点保护植物罪，判处有期徒刑1年。并处罚金1万元。

三、被告人段某一犯非法运输国家重点保护植物罪，判处拘役5个月。并处罚金5000元。

【评析】

本案被告人杨某、李某为了倒卖牟利，低价非法收购国家重点保护植物黄草，然后运往异地高价出售，共非法收购、运输、出售黄草34.08吨，构成非法收购、运输、出售国家重点保护植物罪。被告人段某一明知擅自运输黄草具有违法性，先后两次为杨某、李某运输黄草34.08吨，其行为构成非法运输国家重点保护植物罪。

根据《刑法》第344条和《刑法修正案（四）》第6条规定，非法收购、运输、出售国家重点保护植物罪是指违反国家规定，未经批准或违反批准内容而擅自收购、运输、出售珍贵树木或者国家重点保护的其他野生植物的行为。

首先，该罪侵犯的客体是国家对野生植物的保护管理制度。根据《野生植物保护条例》规定，任何单位和个人都不得出售、收购国家重点保护的一级野生植物；出售、收购国家重点保护的二级野生植物，必须经省级人民政府野生植物行政主管部门或其授权的机构批准；野生植物行政主管部门对经营利用国家重点保护的二级野生植物的活动应进行监督检查。

其次，该罪在客观方面必须实施非法收购、运输、出售国家重点保护野生植物的行为。所谓非法收购国家重点保护植物，即违反国家规定，明知是国家重点保护的野生植物而以金钱为媒介将其有偿取得的行为；非法运输国家重点保护野生植物，即违反国家规定，明知是国家重点保护野生植物而擅自将其由一个地方运送到另一个地方的行为；非法出售国家重点保护野生植物，即违反国家规定，故意将国家重点保护野生植物出卖给他人的行为。另外，该罪的对象只能国家重点保护野生植物，主要包括《国家重点保护野生植物名录》列举的野生植物和《濒危野生动植物种国际贸易公约》附录一、附录二列举的野生植物。

再次,该罪在主观方面只能由故意构成。只有明知擅自收购、运输、出售国家重点保护野生植物行为具有社会危害性,并且希望或放任危害结果发生,才能构成该罪的故意内容。这里说的明知,主要是指对国家重点保护野生植物的自然属性有明确认识,并且知道擅自对其收购、运输、出售具有社会危害性。在特殊情况下,如果行为人主观上放任发生非法收购、运输、出售国家重点保护野生植物的危害结果,并且在客观上也实际发生了这种危害结果,那么,即使行为人对自己所收购、运输、出售的国家重点保护野生植物的自然属性没有明确认识,也应当按"明知"认定。

最后,该罪的主体是 16 周岁以上具有刑事责任能力的自然人或者是单位。构成该罪不受身份、地位、状态等方面限制,无论是国家重点保护野生植的所有者、管理者还是其他自然人或单位,均可以成为该罪主体。单位作为该罪的主体时,可以是公司、企业、事业单位、机关或团体。

在本案中,被告人杨某、李某倒卖的黄草虽然属于国家重点保护的二级野生植物,并不属于国家严格禁止买卖的经营物,但由于二被告人未经有关部门批准擅自经营并且数量大,当然就构成犯罪。

第三节　自然保护区法律制度

一、自然保护区立法概述

自然保护区法律制度是我国生态环境保护和野生动植物资源保护的一项基本制度。我国自 1956 年建立第一个自然保护区——广东鼎湖山自然保护区以来,自然保护区的建设和发展非常迅速。据统计,到 2000 年底,我国共建立各类自然保护区 1276 处,总面积约 1.23 亿公顷,约占国土面积的 12.44%,其中国家级自然保护区 155 处。与此同时,我国颁布了一些有关自然保护区保护和管理的法律、法规,使自然保护区逐步实行了依法管理,这对加强自然保护区管理、保护野生动植物资源具有重大的意义。

自然保护区的单行立法开始于 1985 年。根据《森林法》的规定,1985 年 6 月 21 日经国务院批准、1985 年 7 月 6 日林业部发布了《森林和野生动物类型自然保护区管理办法》。该办法对森林和野生动物类型自然保护区作了原则规定,确立了一些自然保护区管理的基本制度。由于我国的自然保护区类型很多,需要从法律上全面规范。1994 年 10 月 9 日国务院发布了《中华人民共和国自然保护区条例》（以下简称《自然保护区条例》）。这是自然保护区法制建设方面的综合性行政法规。《自然保护区条例》总结了改革开放以来我国自然保护区建设和管理的经验，尤其是森林和野生动物类型自然保护区的经验，确立了一些重要法律制度。

需要说明的是，《森林和野生动物类型自然保护区管理办法》和《自然保护区条例》都是国务院批准的行政法规，具有同等的法律效力，不能互相取代。《自然保护区条例》属于综合性的行政法规，《森林和野生动物类型自然保护区管理办法》属于单行性行政法规，从法理上来说，二者是普通法与特殊法的关系。森林和野生动物类型自然保护区主要适用《森林和野生动物类型自然保护区管理办法》的规定；在某些方面《森林和野生动物类型自然保护区管理办法》没有作出规定，而《自然保护区条例》有规定的，则适用《自然保护区条例》的规定。

二、自然保护区的概念

自然保护区是指对有代表性的自然生态系统、珍贵和濒危野生动植物物种的天然集中分布区、有特殊意义的自然遗迹等保护对象所在的陆地、陆地水体或者海域，依法划出一定面积给予特殊保护和管理的区域。

我国的自然保护区，根据保护对象的不同，有森林、野生动物、草原、湿地、海洋、地质等多种类型；按照设立的程序和管理要求，可以分为国家级自然保护区和地方级自然保护区。

自然保护区具有以下特征：①自然保护区以保护自然整体为前提。所有的自然保护区都有一定的保护对象，这是自然保护区的核心并和自然保护区融为一体。划定自然保护区的目的就是为了保护这个整体不受到外界的干扰和破坏。②自然保护区的开发必须依托其生态价值和社会价值。自然保护区的首要任务是保护其保护对象免受干扰和破坏，保护其生态功能和环境保护功能。自然保护区的开发利用，必须以保护为前提，在不损害自然保护区的生态功能的情况下，可以进行开发利用，如开展旅游、探险等活动。

自然保护区的作用主要有：①自然保护区为人类提供完整的、天然的自然生态系统。②自然保护区是拯救和保护各种生物物种的最佳场所，如我国的珍贵濒危野生动物大熊猫、华南虎、东北虎等，都是通过在其栖息地建立自然保护区而把这些濒危物种拯救和保护起来。③有利于维护所在地区的生态平衡。由于自然保护区保存了较为完整的天然植被及其组成部分的生态系统，有利于保持水土、涵养水源等。④自然保护区是科学研究的天然实验室、宣传自然知识的博物馆,同时也是人们游览、休憩的场所。

自然保护区在保护珍贵、濒危野生动植物,保护生物多样性,维护生态平衡等方面发挥了重要作用。目前我国建立的森林和野生动物类型自然保护区已有900多处,总面积约1.03亿公顷,约占国土面积的10.6%。这些自然保护区保护着我国大部分濒危、珍贵野生动植物及其栖息地,也保护了2000多万公顷的原始天然林、次生天然林和1200多万公顷的各种典型湿地。长白山、神农架、武夷山等19处自然保护区被联合国教科文组织列入国际"人与生物圈保护区网",扎龙、向海等7处自然保护区被列入《湿地公约国际重要湿地名录》,3处自然保护区被列入"东亚—澳大利亚涉禽迁徙网络",4处自然保护区被列入"东北亚鹤类保护网络"。

三、自然保护区的建立

(一) 设立自然保护区的条件

自然保护区是根据法律规定特别划定的专门为具有特殊价值、需要保存的保护对象设置的保护区域。自然保护区的保护对象所具有的特殊性,就是设立自然保护区的基本条件。根据《自然保护区条例》和《森林和野生动物类型自然保护区管理办法》的规定,建立自然保护区应当具备下列条件之一:典型的自然地理区域、有代表性的自然生态系统区域以及已经遭受破坏但经保护能够恢复的同类自然生态系统区域;珍稀、濒危野生动植物物种的天然集中分布区域;具有特殊保护价值的海域、海岸、岛屿、湿地、内陆水域、森林、草原和荒漠;具有重大科学文化价值的地质构造、著名溶洞、化石分布区、冰川、火山、温泉等自然遗迹;经国务院或者省、自治区、直辖市人民政府批准,需要给以特殊保护的其他自然区域。

建立自然保护区应当妥善处理与当地经济建设和居民生产、生活的关系,考虑到当地经济建设和群众生产生活的需要;注意保护对象的完整性和选择最适宜的范围。

(二) 自然保护区的设立程序

1. 提出设立方案

自然保护区的主管部门、有关部门或者人民政府在其管辖的范围内,发现有符合建立自然保护区条件的地方,可以提出建立自然保护区的建议和方案,并填报自然保护区申报书。在提出的初步方案中,应当说明该地区的区域特征、设立自然保护区的意义、主要保护对象、规模、所需投资以及当地经济发展状况等。

2．征求意见和初步评审

建立自然保护区的方案提出后，要将方案征求有关专家的意见，国家级自然保护区的设立方案报国家级自然保护区评审委员会进行评审，地方级自然保护区的设立方案由地方级自然保护区评审委员会进行评审。

3．审批与公布

国家级自然保护区由国务院环境保护主管部门进行协调并提出审批建议，报国务院批准。地方级自然保护区由省级环境保护主管部门进行协调提出审批建议，由省级人民政府批准，并报国务院环境保护主管部门和国务院有关自然保护区主管部门备案。

自然保护区设立后由批准设立的国家机关公布，包括表明自然保护区的范围和界线，标明区界等。

4．撤销与变更

自然保护区设立后，无特殊情况不能变更或者撤销。自然保护区的变更和撤销，必须经批准设立的国家机关批准。

四、自然保护区的管理

（一）自然保护区的管理体制

根据《自然保护区条例》的规定，自然保护区实行综合管理和分部门管理相结合的管理体制。国务院环境保护行政主管部门负责全国自然保护区的综合管理。国务院林业、农业、地质矿产、水利、海洋等有关行政主管部门在各自的职责范围内，主管有关的自然保护区。县级以上地方人民政府负责自然保护区管理的部门的设置和职责，由省、自治区、直辖市人民政府根据当地具体情况确定。

根据《森林和野生动物类型自然保护区管理办法》的规定，森林和野生动物类型自然保护区，属于国家级自然保护区的，由国务院林业主管部门或者所在地的省、自治区、直辖市林业主管部门管理；属于地方级自然保护区的，由县级以上林业主管部门管理。

（二）自然保护区的管理措施

1．自然保护区技术规范和标准

国务院环境保护行政主管部门组织国务院有关自然保护区行政主管

部门制定全国自然保护区管理的技术规范和标准。国务院有关自然保护区行政主管部门可以按照职责分工,制定有关类型自然保护区管理的技术规范,并报国务院环境保护行政主管部门备案。

2. 自然保护区的分级管理

自然保护区分为国家级和地方级自然保护区。在国内外有典型意义、在科学上有重大国际影响或者有特殊科学研究价值的自然保护区,列为国家级自然保护区。国家级自然保护区由其所在地的省、自治区、直辖市人民政府有关自然保护区行政主管部门或者国务院有关自然保护区行政主管部门管理。地方级自然保护区由其所在地的县级以上地方人民政府有关自然保护区主管部门管理。

3. 自然保护区管理机构

有关自然保护区行政主管部门应当在自然保护区内设立专门的自然保护区管理机构,配备专业人员,负责自然保护区的具体管理工作。自然保护区管理机构属于事业单位。机构设置和人员的配备要精干。森林和野生动物类型的国家级或者地方级自然保护区管理机构的人员编制、基建投资、事业经费等,经主管部门批准后,分别纳入国家和省、自治区、直辖市的计划,由林业主管部门按照有关规定统一安排。自然保护区的自然资源和自然环境,由自然保护区管理机构统一管理。

自然保护区管理机构的主要职责有:①贯彻执行国家有关自然保护的法律、法规和方针、政策。②制定自然保护区的各项管理制度,统一管理自然保护区。③调查自然资源并建立档案,组织环境监测,保护自然保护区内的自然环境和自然资源。④组织或者协助有关部门开展自然保护区的科学研究工作。⑤进行自然保护的宣传。⑥在不影响保护自然保护区的自然环境和自然资源的前提下,组织开展参观、旅游等活动。

4. 进入自然保护区的管理措施

对进入自然保护区的人员进行管理,是自然保护区管理的一个重要内容。在自然保护区内进行砍伐、放牧、狩猎、捕捞、采药、采石等行为是受到法律禁止的。主要管理措施有:

(1)自然保护区核心区的管理措施

自然保护区内保存完好的天然状态的生态系统以及珍稀、濒危动植物的集中分布地,应当划为核心区,禁止任何单位和个人进入。因科学研究的需要,必须进入核心区从事观测、调查活动的,应当事先向自然保护区管理机构提交申请和活动计划,并经省级以上人民政府有关自然保护区行政主管部门批准;进入国家级自然保护区核心区的,必须经国务院有关自然保护区行政主管部门批准。

为了保护自然保护区的资源,自然保护区核心区只允许进行观测研究,核心区内的居民确有必要迁出的,应当由自然保护区所在地人民政府给以妥善安排。

(2) 自然保护区缓冲区的管理措施

缓冲区是为包围核心区而划定的一定面积的区域。禁止在缓冲区开展旅游和生产经营活动。因教学科研的目的,需要进入缓冲区从事非破坏性的科学研究、教学实习和标本采集活动的,应当事先向自然保护区管理机构提交申请和活动计划,经自然保护区管理机构批准。同时,从事考察等活动的单位和个人,应当将其活动成果的副本提交自然保护区管理机构。

(3) 自然保护区实验区的管理措施

实验区是在缓冲区外划定的区域。在实验区可以进行科学实验、教学实习、参观考察和驯化培育珍稀动植物等活动。在国家级自然保护区的实验区开展参观、旅游活动的,由自然保护区管理机构提出方案,经省、自治区、直辖市人民政府有关自然保护区行政主管部门审核后,报国务院有关自然保护区行政主管部门批准。在地方级自然保护区的实验区开展参观、旅游活动的,由自然保护区管理机构提出方案,经省、自治区、直辖市人民政府有关自然保护区行政部批准。在自然保护区组织参观、旅游活动的,必须按照批准的方案进行,并加强管理。进入自然保护区参观、旅游的单位和个人,应当服从自然保护区管理机构的管理。

具备条件的森林和野生动物类型自然保护区可以开展旅游,但必须经自然保护区主管部门批准,并在指定的范围内开展旅游活动。在自然保护区开展旅游的,必须遵守以下规定:①旅游业务由自然保护区管理机构统一管理,所得收入用于自然保护区的建设和保护事业。②有关部门投资或者与自然保护区联合兴办的旅游建筑和设施,产权归自然保护区,所得收益在一定时期内按照比例分成,但不得改变自然保护区的隶属关系。③对旅游区必须进行规划设计,确定合适的旅游点和旅游路线。④根据旅游需要和接待条件制订年度接待计划,按照隶属关系报林业主管部门批准,有组织地开展旅游。⑤旅游点的建筑和设施要体现民族风格,同自然景观和谐一致。⑥设置防火、卫生等设施,实行严格的巡护检查,防止造成环境污染和自然资源的破坏。

(4) 对外国人进入自然保护区的管理

外国人进入自然保护区,必须经过批准。进入地方级自然保护区的,接待单位应当事先报省级人民政府有关自然保护区行政主管部批准。进入国家级自然保护区的,接待单位应当报国务院有关自然保护区主管部门批准。进入自然保护区的外国人,应当遵守有关自然保护区的规定。

经批准进入自然保护区的,应当按照有关规定交纳保护管理费。

(5)在自然保护区建立生产设施的管理

未经国务院林业主管部门或者省级林业主管部门的批准,不得进入森林和野生动物类型自然保护区建立机构和修筑设施。在自然保护区的核心区和缓冲区,不得建设任何生产设施。在实验区,不得建设污染环境、破坏资源或者景观的生产设施;建设其他项目,其污染排放不得超过国家和地方规定的污染物排放标准。在实验区内已经建成的设施,其污染物排放超过国家和地方规定的排放标准的,应当限期治理;对造成损害的,必须采取补救措施。在外围保护地带建设的项目,不得损害自然保护区的环境质量;已造成损害的,应当限期治理。

另外,如果发生突发事故或者其他突然性事件,造成或者可能造成自然保护区污染或者破坏的单位和个人,应当立即采取措施处理,及时通报可能受到危害的单位和个人,并向自然保护区管理机构、有关主管部门报告,接受调查处理。

(6)依靠社会力量管理自然保护区

自然保护区管理机构要帮助和教育保护区内的单位和个人遵守自然保护区的有关规定,固定生产生活活动范围,在不破坏自然资源的前提下,从事种植、养殖等,增加收入;依靠所在地人民政府做好保护工作,发挥所在地公安机关的作用。

五、违反自然保护区法规的法律责任

《自然保护区条例》对违反自然保护区管理规定的违法行为规定了相应的法律责任。这些违法行为及处罚规定如下。

1. 非法进入自然保护区的行为

自然保护区管理机构对下列行为可以责令改正,并可以根据情节处以100元以上5000元以下的罚款:①擅自移动或者破坏界标的;②未经批准进入自然保护区或者不服从管理的;③经批准在缓冲区进行考察,但不向管理机构提交活动副本的。

2. 在自然保护区内砍伐、放牧等行为

在自然保护区内进行砍伐、放牧、狩猎、捕捞、采药、采石等行为,除依照有关法律、法规处罚外,由县级以上人民政府自然保护区行政主管部门或者自然保护区管理机构没收违法所得,责令停止违法行为,限期恢复原状或者采取补救措施；对自然保护区造成破坏的，可以处 300 元以上 10000 元以下的罚款。

3. 自然保护区管理机构的违法行为

① 自然保护区管理机构违反规定，拒绝接受环境保护行政主管部门或者有关自然保护区行政主管部门的监督检查，或者在检查时弄虚作假的，由县级以上环境保护行政主管部门或者有关自然保护区行政主管部门给予 300 元以上 3000 元以下的罚款。

② 自然保护区管理机构违反规定，有下列行为之一的，由县级以上人民政府有关主管部门责令改正；对直接责任人员，由其所在单位或者上级机关给予行政处分：未经批准在自然保护区开展参观、旅游活动的；开设与自然保护区保护方向不一致的参观、旅游项目的；不按照批准的方案开展参观、旅游活动的。

4. 其他违法行为及处罚

① 妨碍自然保护区管理人员执行公务的，由公安机关给予治安处罚；情节严重，构成犯罪的，依法追究刑事责任。

② 违反规定，对自然保护区造成污染或者破坏事故，导致公私财产受到重大损失或者人身伤亡的严重后果，对直接负责的主管人员和其他直接责任人员依法追究刑事责任。

③ 自然保护区管理人员滥用职权、玩忽职守、徇私舞弊，构成犯罪的，依法追究刑事责任；情节轻微，尚不构成犯罪的，由其所在单位或者上级机关给予行政处分。

案例分析

【基本案情】2006 年五一长假期间，G 市红豆旅行社的导游带着 17 名游客来到某自然保护区参观旅游。在野生猕猴投食区，游客李某不遵守保护区的规定和管理人员的劝诫，多次以自带食品投喂猕猴，并追逐野生猕猴，被投诉到保护区管理办公室。

【处理意见】保护区管理办公室在处理该案时，有两种不同意见：

第一种意见认为，游客用自带食品投喂猕猴是一种普遍的现象，也是出于喜欢动物，对李某的行为应当不予处理。

第二种意见认为，遵守自然保护区管理规定是进入自然保护区参观、旅游的单位和个人应尽的义务，根据《自然保护区条例》第 34 条的规定，应当对李某处以罚款。

自然保护区管理机构对李某处以 200 元罚款。

【案件评析】自然保护区管理机构对李某的处罚是正确的。

在自然保护区实验区开展的参观、旅游活动带有普法、科普和自然保护宣传教育的目的，进入自然保护区的人员必须遵守自然保护区的管理制度，服从自然保护区管理机构的管理，否则将对自然保护区的科研、自然保护和正常管理造成影响。

《自然保护区条例》第 25 条规定，在自然保护区内的单位、居民和经批准进入自然保护区的人员，必须遵守自然保护区的各项管理制度，接受自然保护区管理机构的管理。第 29 条第 2 款规定，在自然保护区组织参观、旅游活动的，必须按照批准的方案进行，并加强管理；进入自然保护区参观、旅游的单位和个人，应当服从自然保护区管理机构的管理。

在自然保护区内的单位、居民和经批准进入自然保护区的人员，违反自然保护区管理的有关制度，不服从自然保护区管理机构的管理，对正常秩序和自然资源保护造成较轻影响的行为，是违反自然保护区管理秩序的行为。对此，《自然保护区条例》第 34 条规定，违反本条例规定，在自然保护区内不服从管理机构管理，由自然保护区管理机构责令其改正，并可以根据不同情节处以 100 元以上 5000 元以下的罚款。

本案中，游客李某违反保护区的管理规定，不服从管理人员的告诫，多次以自带食品投喂猕猴，并追逐野生猕猴，一方面影响了自然保护区的管理秩序，另一方面可能会对猕猴的健康造成影响。自然保护区管理机构依照规定对其进行处罚是正确的。

【观点概括】进入自然保护区的人员必须遵守自然保护区的管理制度，服从自然保护区管理机构的管理。对于违反自然保护区管理秩序的行为，自然保护区管理机构可以依照《自然保护区条例》第 34 条的规定，处以 100 元以上 5000 元以下的罚款。

【思考与练习】

一、简答题

1. 从事驯养繁殖陆生野生动物的单位和个人需要符合什么条件？
2. 野生动物管理的具体措施是什么？
3. 非法捕杀国家重点保护陆生野生的惩罚是什么？
4. 简述非法出售、收购、运输野生动物及其产品的法律责任。
5. 简述野生植物采集许可制度的主要内容。
6. 简述违反自然保护区管理法规的法律责任。

二、案例分析题

1. 【案情介绍】2006 年 6 月，G 省某县级市林业行政主管部门在一次清理整顿花卉苗圃场的行动中，发现正达苗圃场中有国家二级保护植物桫椤 5 株、一级保护植物苏铁 3 株。经查，这些植物由正达苗圃场从个体花卉老板收购，准备高价出售，苗圃负责人称不知道桫椤、苏铁为国家重点保护植物。案件处理过程中，存在两种不同意见：

第一种意见认为，正达苗圃场不知道桫椤、苏铁为国家重点保护植物，可依照《野生植物保护条例》第 24 条的规定予以行政处罚。

第二种意见认为，正达苗圃场为专业的花卉、苗木经营单位，林业行政主管部门经常向经营单位宣传野生植物保护的知识和相关法规，经营者应当知道桫椤、苏铁为国家重点保护植物，其行为可能构成非法收购、运输、加工、出售国家重点保护植物及其制品罪，该案应移交公安机关立案侦查。

你认为哪种意见正确，为什么？

2.【案情介绍】2005 年 3 月 21 日，龚某在某村以 2020 元的价格收购银杏树一株并实施采挖，树木在运往某市时经群众举报被森林公安机关查获。该树胸径 28 厘米、高 7.5 米，属于国家一级保护野生植物。该案经森林公安分局查明后，以龚某涉嫌非法采伐、毁坏珍贵树木罪移送检察院审查起诉，检察院审查后认为龚某非法采伐珍贵树木情节轻微，决定不起诉。对龚某应怎样处理，存在两种意见：

第一种意见认为，《森林法》第 40 条只规定非法采伐、毁坏珍贵树木的应依法追究刑事责任，而未规定非法采伐、毁坏珍贵树木不够追究刑事责任的可以给予林业行政处罚，因此，对龚某的行为不能以非法采伐、毁坏珍贵树木进行林业行政处罚。

第二种意见认为，可将龚某的行为认定为非法采集国家重点保护野生植物行为，依照《野生植物保护条例》第 23 条的规定进行林业行政处罚。

你认为哪种意见正确，为什么？

3.【案情介绍】村民孙某办理了驯养繁殖许可证后，从 1994 年开始驯养马鹿 2 头，后繁殖 1 头，共 3 头。2002 年，孙某在未办理任何手续的情况下，私自出售了当年所产鹿茸 3 千克，获价款 4000 元。案件处理过程中，存在着不同意见：

第一种意见认为，孙某违反规定非法出售国家重点保护野生动物产品，应当依照《野生动物保护法》第 35 条、《陆生野生动物保护实施条例》第 37 条的规定给予行政处罚。

第二种意见认为，孙某违反规定超越驯养繁殖许可证规定范围从事驯养繁殖国家重点保护野生动物的活动，应当依照《陆生野生动物保护实施条例》第 39 条的规定给予行政处罚。

你认为哪种意见正确，为什么？

4.【案情介绍】2004 年 3 月 14 日，黄某在某县境内非法收购 36 只画眉鸟，在运往邻省销售途中被林业主管部门工作人员发现，因其未办理野生动物准运证，36 只画眉鸟被暂扣。经查，黄某于 2004 年 3 月来到某县，未经野生动物行政主管部门批准，擅自从事经营野生动物的活动，先后在某县陈某、胡某家中以每只 20 元的价格分别收购画眉鸟 17 只和 19 只，价值 720 元。陈某、胡某二人均未办理狩猎证。本案处理过程中，存在两种意见：

第一种意见认为，民间捕捉和买卖画眉鸟是为了娱乐，对野生动物资源的破坏程度轻微，社会影响也不大，可以不进行行政处罚。

第二种意见认为，陈某、胡某和黄某的行为违反了《陆生野生动物保护实施条例》的规定，属于非法狩猎和非法经营利用野生动物的行为，应当依法分别给予行政处罚。

你认为哪种意见正确，为什么？

单元四

林木种子与植物新品种保护法律制度

第一节 林木种子法律制度

一、种子法概述

种子法是指调整品种选育和种子生产、经营、使用、管理等活动的各项法律规范的总称。为保护和合理利用种质资源，规范品种选育和种子生产、经营、使用和管理行为，维护品种选育者、生产者、经营者和使用者的合法权益，提高种子质量，推动种子产业化，促进林业的发展，2000年7月8日第九届全国人大常委会第十六次会议通过了《中华人民共和国种子法》(以下简称《种子法》)，该法自2000年12月1日起施行。

《种子法》调整的范围包括农作物和林木种子。林木种子是指林木的种植材料或者繁殖材料，包括籽粒、果实和根、茎、苗、芽、叶等，是林业生产的重要生产资料之一，其质量的优劣直接影响到林业的发展。《种子法》明确规定了林木种子的行政主管部门。国务院林业主管部门主管全国林木种子工作，县级以上地方人民政府林业主管部门分别主管本行政区域内的林木种子工作。根据《种子法》的规定，各级人民政府及其林木种子主管部门依法分别履行以下职责：制定林木种子发展规划等管理办法，并按国家有关规定在财政、信贷和税收等方面采取措施保证规划的实施；设立专项资金，用于扶持良种选育和推广；建立种子贮备制度，用于发生灾害时的生产需要，保障林业生产安全;管理和协调异地繁育种子工作;依法核发林木种子生产许可证、经营许可证,审批种质资源的跨境携带、运输、引种等活动;对林木种子审定、生产、经营、使用等活动实施组织、监督、管理工作,依法查处种子违法犯罪行为。

(一) 种质资源保护

种质资源是指选育新品种的基础材料,包括各种植物的栽培种、野生种的繁殖材料以及利用上述繁殖材料人工创造的各种植物的遗传材料。林木种质资源的形态包括植株、苗、果实、根、子粒、茎、叶、芽、花、花粉、组织、细胞和 DNA、DNA 片段及基因等。

林木种质资源属国家所有,任何单位和个人不得侵占和破坏。为了保护和合理利用林木种质资源,《种子法》规定了以下主要措施:国家有计划地收集、整理、鉴定、保存、交流和利用种质资源,定期公布可供利用的种质资源目录。禁止采集或者采伐国家重点保护的天然种质资源。但对于因科研等特殊情况需要采集或采伐国家重点保护的天然种质资源的,须经国务院林业主管部门或者省级林业主管部门批准。由国务院林业主管部门建立国家林木种质资源库(收集和保存林木种质资源的场所),由省级人民政府林业主管部门根据需要建立种质资源库、种质资源保护区或者种质资源保护地。对林木种质资源跨国境引种实行审批制度。任何单位和个人向境外提供种质资源,须经国务院林业主管部门批准;从境外引进林木种质资源时,依照国务院林业主管部门的有关规定办理。

(二) 林木种子审定

林木种子审定是指由法定机构对主要林木品种在推广应用前进行审查、评价、认可,并对其定名、编号、登记,报请有关林业主管部门确定、公布的过程。它是确认主要林木品种是否为林木良种的必经法定步骤。根据《种子法》规定,用于林业生产的主要林木品种必须是林木良种。所谓林木良种,是指通过审定的林木种子,在一定区域内的产量、适应性、抗性等方面明显优于当前主栽材料的繁殖材料和种植材料。上述所称的"主要林木",是指由国务院林业主管部门确定、公布的主要林木以及省级林业主管部门在国务院林业主管部门确定的主要林木之外确定的其他 8 种以下的主要林木。

为了规范林木种子的审定工作,《种子法》作出了以下规定:
① 审定工作应当遵循公正、公开、科学、效率的原则。具体办法由国

务院林业主管部门规定。

② 实行国家级审定和省级审定，并依据审定级别确定主要林木良种的推广应用范围。林木品种的国家级审定，是指国务院林业主管部门设立的林木品种审定委员会对主要林木品种进行的审定。林木品种的省级审定，是指省级林业主管部门设立的林木品种审定委员会对主要林木品种进行的审定。在具有生态多样性的地区，省级林业主管部门可以委托设区的市、自治州承担适宜于在特定生态区域推广应用的主要林木品种的审定工作。通过国家级审定的主要林木良种由国务院林业主管部门公告，在全国适宜的生态区域内推广；通过省级审定的主要林木良种由省级林业主管部门公告，可以在本行政区域内适宜的生态区域推广；相邻省、自治区、直辖市属于同一适宜生态区的地区，经所在省级林业主管部门同意后可以引种。

对于应当审定的林木品种未经审定通过的，不得作为良种经营、推广，但生产确需使用的，应当经省级林业主管部门审核，报同级林木品种审定委员会认定。

关于申请林木品种审定的程序，《种子法》规定，我国的单位或个人认为其选育的主要林木品种属于林木良种的，可以直接申请省级审定或国家级审定；对于在我国没有经常居所或者经营场所的外国人、外国企业或者外国其他组织在我国申请品种审定的，应当委托具有法人资格的中国种子科研、生产、经营机构代理申请。

③ 对审定结论持有异议的可以申请复审。申请人对省级审定或国家级审定的结论有异议的，依法有权向原审定委员会或者上一级审定委员会申请复审。

（三）林木种子的生产、经营和使用

1．林木种子的生产

林木种子的生产实行许可生产制度、建立种子生产档案制度。生产过程必须执行种子生产技术规程、种子检验和检疫规程，禁止生产假、劣种子。

（1）生产许可制度

从事商品种子的生产者须持有关林业主管部门核发的林木种子生产许可证，方可进行林木种子生产活动。林木种子生产许可证，是法定林业主管部门核发的、允许申请人从事林木种子生产的法定凭证。核发许可证的程序包括以下三个步骤：

① 申请　申请领取林木种子生产许可证的单位和个人须具备下列条件：具有繁殖种子的隔离和培养条件；具有无检疫性病虫害的种子生产地点

或县级以上林业主管部门确定的采种林;具有与种子生产相适应的资金和生产、检疫设施;具有相应的专业种子生产和检疫技术人员;法律、法规规定的其他条件。

② 审核 从事主要林木良种的生产者申请许可证,由生产所在地的县级林业主管部门依法审核。

③ 核发 对从事林木良种的生产者申领许可证,由省级林业主管部门核发;对申请从事生产其他林木种子的许可证,由生产所在地的县级林业主管部门核发。其中,对申领具有森林植物新品种权的生产许可证,申请者须征得新品种人的书面同意。核发的林木种子许可证,应当注明生产种子的品种、地点、有效期限等项目。

(2) 建立林木种子生产档案

林木商品种子生产者必须建立种子生产档案,档案中须载明生产地点、生产地块、环境、亲本种子来源和质量、技术负责人、田间检验记录、产地气象记录以及种子流向等内容。

在林木种子生产基地内采集种子,必须由生产基地的经营者按照国家有关标准组织采集活动;禁止抢采掠青、损坏母树;禁止在劣质林内和劣质母树上采集种子。

2. 林木种子经营

《种子法》规定了凭证照经营制度、经营者的其他法定义务以及农民个人自繁自用常规种子的流通等三方面主要内容。

(1) 持证、照经营制度

从事林木种子的经营者,必须取得有关林业主管部门核发的林木种子经营许可证以及有关工商行政管理部门核发的营业执照,才能从事经营活动。林木种子经营许可证依照以下程序分级审批发放:

① 申请 申请林木种子经营许可证的单位和个人,必须具备下列条件:具有与经营种子种类和数量相适应的资金及独立承担民事责任的能力;具有能够正确认识所经营的种子、检验种子质量、掌握种子贮藏、保管技术的人员;具有与经营种子的种类、数量相适应的营业场所及加工、包装、贮藏保管设施和检验种子质量的仪器设备;法律、法规规定的其他条件。

② 审核 具备上述条件并从事主要林木良种经营的申请人,须经林木种子经营者所在地的县级林业主管部门审核;设立实行选育、生产、经营相结合并达到国务院林业主管部门规定的注册金额的种子公司和从事种子进出口业务的公司,须经省级林业主管部门审核。

③ 核发 对于符合上述前一种情况的,由省级林业主管部门核发许可

证；对于符合上述后一种情况的，由国务院林业主管部门核发许可证。种子经营许可证应当注明种子经营范围、经营方式及有效期限、有效区域等项目。种子经营者须在取得种子经营许可证后，再凭种子经营许可证向有关工商行政管理机关申请办理营业执照，然后依法开展经营活动。

（2）林木种子经营者的其他法定义务

林木种子经营者在取得林木种子经营许可证和营业执照后，依法享有自主经营权，任何单位和个人不得非法干涉。但必须履行以下法定义务：遵守有关法律、法规的规定，向种子使用者提供种子简要性状、主要栽培措施、使用条件的说明与有关咨询服务，并对种子质量负责；未经国务院或省级林业主管部门批准，不得收购珍贵树木种子和同级人民政府规定限制收购的林木种子；销售的种子应当加工、分级、包装（不能加工、包装的除外）；销售的种子应当附有标签，并在标签上注明种子类别、品种名称、产地、质量指标、检疫证明编号、种子生产及经营许可证编号或者进口审批文号等事项，标签标注的内容应当与销售的种子相符；建立种子经营档案，载明种子来源、加工、贮藏、运输和质量检测各环节的简要说明及责任人、销售去向等内容；调运或者邮寄出县的种子应当附有检疫证书；制作发布的种子广告的内容应当符合种子法和有关广告的法律、法规的规定，主要性状描述应当与审定公告一致等。

（3）不需要办理林木种子经营许可证的情形

不需要办理林木种子经营许可证的情形包括：农民个人自繁、自用的常规种子有剩余的，可以依照所在地的省级人民政府制定的管理办法在集贸市场上出售、串换；种子经营者专门经营不再分装的包装种子或受具有种子经营许可证的种子经营者以书面委托代销其种子的；具有林木种子经营许可证的种子经营者在许可证规定的有效区域内设立的分支机构经营林木种子的（但应当在办理或变更营业执照后15日内，向当地林业主管部门和原发证机关备案）。

3．林木种子的使用

林木种子的使用者享有下列权利：自主选择购买林木种子的权利；用国家推广使用的林木良种营造防护林、特种用途林的，享有经济扶持的权利；购买、使用的种子因质量问题遭受损失的，享有要求出售种子的经营者给予赔偿购种价款、有关费用和可得利益损失的权利；因使用种子而发生民事纠纷时，依法有权选择通过协商、调解、仲裁或直接向人民法院起诉的方式解决纠纷的权利。

二、违反种子法规的法律责任

根据《种子法》等法律、法规的规定,违反种子法规的行为及处罚如下:

① 生产、经营假、劣林木种子的,由县级以上林业主管部门或者工商行政管理机关责令停止生产、经营,没收种子和违法所得,吊销种子生产许可证、种子经营许可证或者营业执照,并处以罚款;有违法所得的,处以违法所得 5 倍以上 10 倍以下罚款;没有违法所得的,处以 2000 元以上 5 万元以下罚款;构成犯罪的,依法追究刑事责任。

假种子是指以非种子冒充种子或者以此种种子冒充他种种子以及种子种类、品种、产地与标签标注的内容不符的林木种子。劣种子是指质量低于国家规定的种用标准或者标签标注指标、或者变质不能作种子使用、或者杂草种子的比率超过规定以及带有国家规定检疫对象的有害生物的林木种子。

② 无许可证生产、经营林木种子,或者未按许可证生产、经营林木种子及伪造、变造、买卖、租借许可证的,由县级林业主管部门责令改正,没收种子和违法所得,并处以违法所得 1 倍以上 3 倍以下罚款;没有违法所得的,处以 1000 元以上 3 万元以下罚款;同时可以吊销违法行为人的种子生产许可证或种子经营许可证;构成犯罪的,依法追究刑事责任。

③ 林木种子生产者、经营者违反其他生产、经营法定义务,有下列行为之一的,由县级以上林业主管部门责令改正,处以 1000 元以上 1 万元以下罚款:经营的种子应当包装而没有包装的;经营的种子没有标签或者标签内容不符合种子法规定的;伪造、涂改标签或者试验、检验数据的;未按规定制作、保存种子生产、经营档案的;种子经营者在异地设立分支机构未按规定备案的。

④ 违法将为境外制作的种子在国内销售、或私自采集或者采伐国家重点保护的天然种质资源的,由县级以上林业主管部门责令改正,没收种子和违法所得,并处以违法所得 1 倍以上 3 倍以下的罚款;没有违法所得的,处以 1000 元以上 2 万元以下罚款;构成犯罪的,依法追究刑事责任。

⑤ 违法向境外提供或者从境外引进种质资源的,由国务院或者省级林业主管部门责令停止种子的经营、推广,没收种子和违法所得,并处 1 万元以上 5 万元以下罚款;未取得林业主管部门的批准文件携带、运输种质资源出境的,海关有权将该种质资源扣留,并移送省级林业主管部门处理。

⑥ 经营、推广须经审定而未经审定通过的种子的，由县级林业主管部门责令停止种子的经营、推广，没收种子和违法所得，并处以1万元以上5万元以下的罚款。

⑦ 种子质量检验机构出具虚假检验证明的，与种子生产者、销售者承担连带责任；并依法追究种子质量检验机构及其有关责任人的行政责任；构成犯罪的，依法追究刑事责任。

⑧ 林业行政主管部门违法对不具备林木种子生产者、经营者条件的申请人核发种子生产许可证或者种子经营许可证的，对直接负责的主管人员和其他责任人员，依法给予行政处分；构成犯罪的，依法追究刑事责任。

案例分析

【基本案情】2007年7月，黄某为从事林木种子经营活动，向所在县林业局申领种子经营许可证。黄某向县林业局提交了符合《种子法》规定的种子经营所需的资金、设备、营业场所等证明文件，但未提交林木种子检验、贮藏、保管等技术人员资格证明。黄某声称，自己曾在一家种苗公司工作多年，具有丰富的种子检验、贮藏、保管技术，完全符合相应的资格要求。工作人员朱某向主管领导杨某请示后，为黄某办理了种子经营许可证。市林业局在行政执法中发现，黄某由于贮藏、保管技术不合格，导致其经营的树种质量不合格。市林业局执法人员认为，黄某未提交林木种子检验、贮藏、保管等技术人员资格证明，不符合《种子法》第29条有关核发种子经营许可证的条件，县林业局不应核发种子经营许可证。因此，应依法给予核发许可证的直接负责的主管人员杨某和直接责任人员朱某行政处分。经查，杨某和朱某是第一次违反规定核发种子经营许可证。

【处理意见】在市林业局督办下，县林业局依法分别给予杨某和朱某记过处分。

【案件评析】县林业局的处理是正确的。

该案主要涉及林业主管部门违反法律规定，对不具备条件的种子经营者核发种子经营许可证的问题。

为保证林木种子质量，防止不合格种子流入市场，我国《种子法》对种子经营的市场主体进行了资格上的限定。《种子法》第29条规定，申请领取种子经营许可证的单位和个人，应当具备下列条件：①具有与经营种子种类和数量相适应的资金及独立承担民事责任的能力；②具有能够正确识别所经营的种子、检验种子质量、掌握种子贮藏、保管技术的人员；③具有与经营种子的种类、数量相适应的营业场所及加工、包装、贮藏、保管设施和检验种子质量的仪器设备；④法律、法规规定的其他条件。

第二节 植物新品种保护法律制度 119

根据《种子法》的规定，《林木种子生产经营许可证管理办法》第8条对申领许可证应当提供的资料作了详细规定，具体包括：①注有经营者基本情况、经营品种、技术人员、设施和设备情况等内容的林木种子经营许可证申请表；②经营场所使用证明和资金证明材料；③林木种子加工、包装、贮藏设施设备和种苗检验仪器设备的所有权或者使用权证明；④林木种子检验、贮藏、保管等技术人员资格证明。

本案中，申请人黄某未提交林木种子检验、贮藏、保管等技术人员资格证明，在法律上应视为不具有林木种子检验、贮藏、保管等技术的行为能力，作为行政许可主体，县林业局应严格按照《种子法》的规定，把好种子经营许可证核发关。直接负责人杨某和直接责任人朱某仅凭黄某的口头允诺，就为不能提供林木种子检验、贮藏、保管等技术人员资格证明的黄某核发了种子经营许可证，违反了种子经营许可证核发制度。对此，《种子法》第70条明确规定，农业、林业主管部门违反本法规定，对不具备条件的种子生产者、经营者核发种子生产许可证或者种子经营许可证的，对直接负责的主管人员和其他直接责任人员，依法给予行政处分；构成犯罪的，依法追究刑事责任。《行政机关公务员处分条例》第21条规定，在行政许可工作中违反法定权限、条件和程序设定或者实施行政许可的，给予警告或者记过处分；情节较重的，给予记大过或者降级处分；情节严重的，给予撤职处分。杨某与朱某属于首次违反规定核发许可证，县林业局对杨某与朱某的记过处分是正确的。

【观点概括】林业主管部门应当严格审核种子经营者的条件。对不符合条件者核发种子经营许可证的，直接负责的主管人员和其他直接责任人员应受到行政处分。

第二节　植物新品种保护法律制度

一、植物新品种保护立法概述

植物新品种，是指经过人工培育的或者对发现的野生植物加以开发，具备新颖性、特异性、一致性和稳定性并有适当命名的植物品种，包括农作物和森林植物新品种。

（一）植物新品种保护的立法

农业、林业生产的产量和质量要获得迅速提高，必须不断地培育出新品种，以满足生产的需要。具有高产、优质或抗病虫害等特性的植物新品种，是提高农业、林业产量和产品品质的重要因素。培育植物新品种需要技能、劳力、资源、资金等大量投入，同时要花费许多年时间（许多植物新品种的培育要10～15年或者更长的时间）。在许多情况下，新品种一旦扩散就很容易被别人繁殖，从而使育种者失去从其投资中收回成本的机会。为了鼓励育种者为培育新品种继续投资，为农业、林业的发展作出更多的贡献，同时使育种者利用其培育的品种获得利润，从20世纪30年代开始，在美国和欧洲的一些国家逐步形成了本国的植物新品种保护的法律制度。随着国际经济贸易的发展，1961年，欧洲的一些国家在法国巴黎签订了《国际植物新品种保护公约》，并在此基础上成立了国际植物新品种保护联盟（简称UPOV）。《国际植物新品种保护公约》于1968年生效，从而在国际上正式确立了植物新品种保护的法律制度。

1997年3月20日国务院发布了《中华人民共和国植物新品种保护条例》（以下简称《植物新品种保护条例》），自1997年10月1日起施行。1999年8月10日国家林业局发布了《中华人民共和国植物新品种保护条例实施细则（林业部分）》（以下简称《植物新品种保护条例实施细则（林业部分）》），自发布之日起施行。植物新品种保护立法对于鼓励培育和使用植物新品种，促进林业生产的发展，具有重要的意义。

（二）植物新品种保护的主管部门

根据《植物新品种保护条例》的规定，国务院农业、林业主管部门按照职责分工共同负责植物新品种申请的受理和审查，并对符合规定条件的植物新品种授予植物新品种权。根据国家有关规定，林业的植物新品种是指经过人工培育的或者对发现的野生植物加以开发，具备新颖性、特异性、一致性和稳定性并有适当命名的林木、竹、木质藤本、木本观赏植物（包括木本花卉）、果树（干果部分）及木本油料、饮料、调料、木本药材等植物品种。植物品种保护名录由国家林业局确定和公布。

根据《植物新品种保护条例实施细则（林业部分）》的规定，国家林业局植物新品种保护办公室（以下简称植物新品种保护办公室）具体负责受理和审查林业植物新品种的品种权申请，组织与植物新品种保护有关的测试、保藏等业务，按国家有关规定承办与植物新品种保护有关的国际事务等具体工作。

（三）授予品种权的条件和程序

1. 品种权的概念和内容

植物新品种权（简称品种权）是品种权审批机关代表国家依法授予植物

新品种培育人对其品种在规定期限内享有的独占权,属于知识产权的一种。被授予品种权的植物新品种称为授权品种。完成育种的单位或者个人对其授权品种,享有排他的独占权。任何单位或者个人未经品种权所有人(以下称品种权人)许可,不得为商业目的生产或者销售该授权品种的繁殖材料(包括苗木、种子以及构成植物体的任何部分),不得为商业目的将该授权品种的繁殖材料重复使用于生产另一品种的繁殖材料。但是,《植物新品种保护条例》另有规定的除外(如农民自繁自用的)。

《植物新品种保护条例》对品种权的内容和归属,还作了以下规定:

(1) 职务育种与非职务育种

执行本单位的任务或者主要是利用本单位的物质条件所完成的育种称为职务育种。职务育种的植物新品种的申请权属于该单位。职务育种是指:在本职工作中完成的育种;履行本单位分配的本职工作之外的任务所完成的育种;离开原单位后3年内完成的与其在原单位承担的本职工作或者分配的任务有关的育种;利用本单位的资金、仪器设备、试验场地、育种资源和其他繁殖材料及不对外公开的技术资料等所完成的育种。除以上情形之外的育种,为非职务育种。非职务育种的植物新品种的申请权属于完成育种的个人。

(2) 一个植物新品种只能授予一项品种权

如果有两个以上的申请人分别就同一个植物新品种申请品种权的,品种权授予最先申请的人;同时申请的,品种权授予最先完成该植物新品种育种的申请人。

(3) 植物新品种的申请权和品种权可以依法转让

国内的单位或者个人就其在国内培育的林业植物新品种向外国人转让申请权或者品种权的,应当报国家林业局批准。国有单位在国内转让植物新品种申请权或者品种权的,由其上级行政主管部门批准。

(4) 品种权的强制许可

为满足国家利益或者公共利益等特殊需要,或者在品种权人无正当理由自己不实施或实施不完全,又不许可他人以合理条件实施的情况下,国家林业局可以作出或者依当事人的请求作出实施植物新品种强制许可的决定。请求植物新品种强制许可的单位或者个人,应当向国家林业局提出强制许可请求书。取得实施强制许可的单位或者个人应当付给品种权人合理的使用费,其数额由双方商定;双方不能达成协议的,当事人可以请求国家林业局裁决强制许可使用费数额。国家林业局自收到裁决请求书之日起3个月内作出裁决并通知有关当事人。品种权人对强制许可决定或者强制许可使用费的裁决不服的,可以自收到通知之日起3个月内向人民法院提起诉讼。

需要说明的是,授予植物新品种权的植物新品种,并不意味育种者可以直接推广使用所授权的植物新品种。该植物新品种能否生产、销售和推广使用,还必须按照《种子法》的有关规定进行审定。

2. 授予品种权的条件

授予品种权的植物新品种应当具备以下条件:

① 属于国家植物品种保护名录中列举的植物的属或者种。林业上的植物新品种保护名录由国家林业局确定和公布。国家林业局先后公布了四批林业植物新品种保护名录。

② 新颖性。新颖性是指申请品种权的植物新品种在申请日前该品种繁殖材料未被销售,或者经育种者许可,在中国境内销售该品种繁殖材料未超过1年;在中国境外销售藤本植物、林木、果树和观赏树木品种繁殖材料未超过6年,销售其他植物品种繁殖材料未超过4年。对《植物新品种保护条例》施行前首批列入植物品种保护名录的和《植物新产品保护条例》施行后列入植物品种保护名录的属或者种的植物品种,自名录公布之日起一年内提出的品种权申请,经育种人许可,在中国境内销售该品种的繁殖材料不超过4年的,视为具有新颖性。

③ 特异性。特异性是指申请品种权的植物新品种应当明显区别于在递交申请以前已知的植物品种。

④ 一致性。一致性是指申请品种权的植物新品种经过反复繁殖,除可以预见的变异外,其相关的特征或者特性一致。

⑤ 稳定性。稳定性是指申请品种权的植物新品种经过反复繁殖后或者在特定繁殖周期结束时,其相关的特征或者特性保持不变。

⑥ 有适当的名称,并与相同或者相近的植物属或者种中已知品种的名称相区别。但是,有下列情形之一的,不得用于林业植物新品种命名:仅以数字组成的;违反社会公德的;对植物新品种的特征、特性或者育种者的身份等容易引起误解的;违反国家法律、行政法规规定或者带有民族歧视性的;以国家名称命名的;以县级以上行政区划的地名或者公众知晓的国名地名命名的;同政府间国际组织或者其他国际知名组织的标志名称相同或者近似的;属于相同或者相近植物属或者种的已知名称的。

3. 品种权的申请和受理

(1) 品种权的申请人

国内的单位和个人申请品种权的,可以直接或者委托国家林业局指定的代理机构向国家林业局提出申请。申请品种权的植物品种如涉及国家安全或者重大利益需要保密的,申请人应当在请求书中注明,植物新品种保护办公室应当按国家有关保密规定办理,并通知申请人。外国人、外国企业或者其他外国组织向国家林业局提出品种权申请和办理其他品种权事务的,应当委托国家林业局指定的代理机构办理。

申请品种权的应当按照规定缴纳申请费、审查费;需要测试的,应当缴纳测试费。授予品种权的,应当缴纳年费。

(2)受理

申请人申请品种权时,应当向植物新品种保护办公室提交国家林业局规定格式的请求书、说明书以及符合规定的照片。植物新品种保护办公室可以要求申请人送交申请品种权的植物品种和对照品种的繁殖材料,用于审查和检测。申请人应当自收到植物新品种保护办公室通知之日起3个月内送交繁殖材料。申请人送交的繁殖材料应当依照国家有关规定进行检疫并且符合下列要求:与品种权申请文件中所描述的该植物品种的繁殖材料相一致;最新收获或者采集的;无病虫害;未进行药物处理的;已进行了药物处理的,应当附有使用药物的名称、使用的方法和目的。

提交的各种文件应当使用中文,并采用国家统一规定的科技术语。当事人提交各种文件和有关材料可以直接提交,也可以邮寄。邮寄的,以寄出的邮戳日为提交日。

保藏机构或者测试机构对申请人送交的繁殖材料,在品种权申请的审查期间和品种权的有效期限内,应当保密和妥善保管。

(3)优先权

申请人向国家林业局提出品种权申请之后,又向外国申请品种权的,可以请求植物新品种保护办公室出具优先权证明文件。申请人自在外国第一次提出品种权申请之日起12个月内,又在中国就该植物新品种提出品种权申请的,依照该外国同中华人民共和国签订的协议或者共同参加的国际条约,或者根据相互承认优先权的原则,可以享有优先权。申请人要求优先权的,应当在申请时提出书面说明,并在3个月内提交经原受理机关确认的第一次提出的品种权申请文件的副本。

国内的单位和个人将在国内培育的植物新品种向国外申请品种权的,应当向国家林业局登记。

申请人可以在品种权授予前向国家林业局请求修改或者撤回品种权申请。

4. 品种权的审查与批准

(1)品种权申请的初步审查

申请人缴纳申请费后,审批机关对品种权申请的下列内容进行初步审查：是否属于植物新品种保护名录列举的植物属或者种的范围；外国人、外国企业或者外国其他组织在中国申请品种权的，应当按其所属国和中华人民共和国签订的协议或者共同参加的国际条约办理，或者根据互惠原则，依照有关规定办理；是否符合新颖性的规定；植物新品种的命名是否适当。国家林业局应当自受理品种权申请之日起 6 个月内完成初步审查。国家林业局对品种权申请进行初步审查时，可以要求申请人就有关问题在规定的期限内提出陈述意见或者予以修正。对初步审查合格的品种权申请，由国家林业局予以公告，并通知申请人在 3 个月内缴纳审查费。自品种权申请公告之日起至授予品种权之日前，任何人均可以对不符合有关规定的品种权申请向国家林业局提出异议，并说明理由。

（2）品种权申请的实质审查

申请人按照规定缴纳审查费后，国家林业局对品种权申请的特异性、一致性和稳定性进行实质审查。审批机关认为必要时，可以委托指定的测试机构进行测试或者考察业已完成的种植或者其他试验的结果。申请人应当根据审批机构的要求提供必要的资料和该植物新品种的繁殖材料。

（3）品种权的授予

经实质审查后，对符合规定的品种权申请由国家林业局作出授予品种权的决定，向品种权申请人颁发品种权证书并予以登记和公告。对不符合规定的品种权申请，审批机关予以驳回，并通知申请人。申请人对审批机关驳回品种权申请的决定不服的，可以自收到通知之日起 3 个月内，向国家林业局植物新品种复审委员会请求复审。复审委员会应当自收到复审请求书之日起 6 个月内作出决定，并通知申请人。申请人对复审委员会的决定不服的，可以自接到通知之日起 15 日内向人民法院提起诉讼。

（4）品种权的生效

品种权自国家林业局作出授予品种权的决定之日起生效。品种权被授予后，在自初步审查合格公告之日起至被授予品种权之日止的期间，对未经申请人许可，为商业目的生产或者销售该授权品种的繁殖材料的单位和个人，品种权人享有追偿的权利。

国家林业局定期出版植物新品种保护公报，公告品种权的申请、授予、转让、继承、终止等有关事项。

（四）品种权的终止和无效

品种权的保护期限，自授权之日起，藤本植物、林木、果树和观赏树木为 20 年，其他植物为 15 年。

1. 品种权的终止

有下列情形之一的，品种权在其保护期限届满前终止，由国家林业局登记和公告：品种权人以书面声明放弃品种权的，自声明之日起终止；品种权人未按照规定缴纳年费的，自补缴年费期限届满之日起终止；品种权人未按照要求提供检测所需的该授权品种的繁殖材料或者送交的繁殖材料不符合要求的，国家林业局予以登记，其品种权自登记之日起终止；经检测该授权品种不再符合被授予品种权时的特征和特性的，国家林业局登记之日起终止。

2. 品种权的无效

自公告授予品种权之日起，国家林业局植物新品种复审委员会可以依据职权或者依据任何单位和个人的书面请求，关于新颖性、特异性、一致性和稳定性规定的品种权宣告无效；对不符合命名规定的，决定予以更名。宣告品种权无效或者更名的决定，由国家林业局登记和公告并由植物新品种保护办公室通知当事人。当事人对复审委员会的决定不服的，可以自收到通知之日起3个月内向人民法院提起诉讼。被宣告无效的品种权视为自始不存在。

3. 品种权无效宣告的请求

任何单位或者个人请求宣告品种权无效的，应当向复审委员会提交国家林业局规定格式的品种权无效宣告请求和有关材料，并说明所依据的事实和理由。复审委员会应当自收到无效宣告请求书之日起15日内将品种权宣告请求书副本和有关材料送达品种权人。品种权人应当在收到后3个月内提出陈述意见；逾期未提出的，不影响复查委员会审理。

品种权无效宣告决定不具有追溯力。宣告品种权无效的决定，对在宣告前人民法院作出并已执行的植物新品种侵权的决定、裁定，省级以上林业行政主管部门作出并已执行的植物新品种侵权处理决定，以及已经履行的植物新品种实施许可合同和植物新品种权转让合同，不具有追溯力。但是，因品种权人的恶意给他人造成损失的，应当给予合理赔偿。品种权人或者品种权转让人不向被许可实施人或者受让人返还使用费或者转让费，明显违反公平原则的，品种权人或者品种权转让人应当向被许可实施人或者受让人返还全部或者部分使用费或者转让费。

当事人因植物新品种的申请权或者品种权发生纠纷的，可以向人民法院提起诉讼，已向人民法院提起诉讼并受理的，应当向国家林业局报告并附具人民法院已受理的证明材料。国家林业局按照有关规定作出中止或者终止的决定。

二、违反植物新品种保护法规的法律责任

根据有关法律、法规的规定,违反植物新品种保护法规的行为及处罚如下:

① 侵犯品种权的行为。未经品种权人许可,以商业目的生产或者销售授权品种的繁殖材料的行为,是侵犯品种权的行为。对侵犯品种权的行为,品种权人或者利害关系人可以请求省级以上林业行政主管部门进行处理,也可以直接向人民法院提起诉讼。

省级以上林业行政主管部门依据职权,按照当事人自愿的原则,对侵权所造成的损害赔偿可以进行调解。调解达成协议的,当事人应当履行;调解未达成协议的,品种权人或者利害关系人可以依照民事诉讼程序向人民法院提起诉讼。

省级以上林业行政主管部门依据职权处理品种权侵权案件时,为维护社会公共利益,可以责令侵权人停止侵权行为,没收违法所得,可以并处违法所得5倍以下罚款。

② 假冒授权品种行为。假冒授权品种行为是指:使用伪造的品种权证书、品种权号的;使用已经被终止或者被宣告无效品种权的品种权证书、品种权号的;以非授权品种冒充授权品种的;以此种授权品种冒充他种授权品种的;其他足以使他人将非授权品种误认为授权品种的。对假冒授权品种的,由县级以上林业行政主管部门依据职权责令停止假冒行为,没收违法所得和植物新品种繁殖材料,并处违法所得1倍以上5倍以下的罚款;情节严重构成犯罪的,依法追究刑事责任。

省级以上林业行政主管部门在查处品种权侵权案件和县级以上林业行政主管部门在查处假冒授权品种案件时,根据需要,可以封存或者扣押与案件有关的植物品种的繁殖材料,查阅、复制或者封存与案件有关的合同、账册及有关文件。

③ 销售授权品种未使用其注册登记名称的行为。这种行为是指行为人销售的植物品种是授权品种,但不使用该授权品种注册登记的名称而使用其他名称的行为。对这种行为,由县级以上林业行政主管部门依据职权责令限期改正,可处以1000元以下的罚款。

④ 县级以上林业行政主管部门及有关部门的工作人员滥用职权、玩忽职守、徇私舞弊、索贿受贿,构成犯罪的,依法追究刑事责任;尚不构成犯罪的,依法给予行政处分。

第二节 植物新品种保护法律制度

案例分析

【基本案情】 某公司主要从事油桐树种苗的生产经营。2004年3月，该公司与本市从事油桐树研究的植物学家王某签订委托开发合同，由公司提供设备及资金，由王某具体从事油桐树新品种的研究开发，但双方未约定研究开发的植物新品种权利的归属问题。2005年1月，王某的研究工作取得成功，并依法获得油桐树新品种权的授权。次月，某公司向市林业局申领该油桐树品种生产许可证，在市林业局受理期间，王某提出异议，声称本人是品种权人，某公司未经本人同意，无权申领该品种生产许可证，林业局应不予颁发。

【处理意见】 对于本案的处理，林业局内部存在不同意见：

第一种意见认为，虽然王某是新品种权人，但王某的研究开发是为了履行与某公司之间的委托开发合同义务，作为委托方，某公司也履行了提供物资设备及资金等合同义务，因此，公司有权申领该品种生产许可证，无需征得王某的同意。

第二种意见认为，某公司与王某之间的合同属于委托育种合同，合同中未约定品种权的归属问题，而该油桐树新品种是王某的研究成果，并获得品种权，因此，某公司应征得王某同意后方有权申领生产许可证。

市林业局以未获得品种权人书面同意为由，驳回某公司的申请，不予颁发生产许可证。

【案件评析】 市林业局的处理决定是正确的。

该案涉及的是委托开发合同项下植物新品种权的归属与使用问题。《植物新品种保护条例》第7条第2款规定，委托育种或者合作育种，品种权的归属由当事人在合同中约定，没有合同约定的，品种权属于受委托完成或者共同完成育种的单位或者个人。本案中，某公司与王某之间的合同属于委托育种合同，双方未约定研究开发的植物新品种权利的归属问题，因此，油桐树新品种的申请权和品种权均属于王某。而《种子法》第21条第2款明文规定，申请领取具有植物新品种权的种子生产许可证的，应当征得品种权人的书面同意。因此，某公司在向市林业局申领该油桐树新品种生产许可证前，应取得王某的书面同意。

植物新品种的品种权是知识产权的重要组成部分，是由国家植物新品种审批机关依照法律、法规的规定，赋予品种权人专属的人身权和财产权的总称。品种权人享有排他的独占权，任何未经品种权人许可的商业行为均为侵权。委托育种或合作育种是当前较为普遍的商业与科研相结合的行为，双方为研究成果均作出了合同约定的贡献，但哪一方的贡献是关键的，则因具体合作事项而有所差异，因此，法律主张由双方约定，但对于无约定的情形，只能推定研究方为知识产权人。而品种权人一旦获得合法授权，其他任何人，包括委托方都应尊重其知识产权，否则便构成侵权。因此，某公司履行了提供设备及资金等合同义务,并不代表可以不经过品种权人王某的同意就可以申领生产许可证。如果王某不同意,某公司可以依据合同约定追究王某的违约责任。

【观点概括】委托育种品种权的归属由当事人在合同中约定,没有合同约定的,品种权属于受委托完成育种的单位或者个人。申领具有植物新品种权的种子生产许可证,应当征得品种权人的书面同意。

【思考与练习】

一、简答题

1. 简述林木种子经营制度的主要内容。
2. 简述违法从事林木种子生产经营的行政责任。
3. 简述采集采伐林木种子资源的主要规定。
4. 简述林木种子的审定程序。
5. 从事林木种子经营的单位和个人应该具备哪些条件?

二、案例分析题

1. 【案情介绍】某市林业局在执法过程中发现,本市个体工商户孙某涉嫌经营假肉桂种子,遂立案调查。经查,孙某的仓库和门市堆积了价值高达 8 万元的假肉桂种子。因涉案数额较大,可能构成犯罪,市林业局将案件移交当地公安机关处理。由于市林业局的及时介入,孙某的假肉桂种子尚未售出,未造成实际损失。对孙某的行为如何定性,公安机关内部存在三种不同意见:

第一种意见认为,孙某经营的假肉桂种子尚未销售,没有给种子使用者造成实际损失,不构成犯罪,应由市林业局对其进行行政处罚。

第二种意见认为,孙某销售明知是假的肉桂种子,在仓库中大量堆积以待销售,涉案金额巨大,构成生产、销售伪劣种子罪。

第三种意见认为,孙某的行为不构成生产销售伪劣种子,但销售金额高达 8 万元,构成生产、销售伪劣产品罪。

你认为哪种意见正确,为什么?

2. 【案情介绍】2004 年 3 月,于某到某种子公司购买香椿种子,由于于某所购数量不多,该种子公司从一香椿种子的大包装袋中取出一小部分,包装后交给于某。当于某索要种子标签时,销售人员称该种子为当场分装,无法制作标签。于某未再坚持索要标签。后在种植过程中,于某发现出苗情况与种子公司的口头承诺不相符合,随即向市林业局投诉,要求种子公司承担赔偿责任。市林业局遂立案审查。在此案处理过程中,有两种不同意见:

第一种意见认为,种子公司所出售的种子为分装种子,且为节省买方时间而未向其提供种子标签,于某在场并认可该行为,因而不应对其进行行政处罚。

第二种意见认为,种子公司违反《种子法》关于种子分装与销售的规定,应对其进行行政处罚。

你认为哪种意见正确，为什么？

3.【案情介绍】2003 年 3 月，李某到某市苹果种苗代销店购买苹果种子 15 千克。代销店向李某出售种子后未按《种子法》的规定建立种子经营档案。李某在所育苹果苗出现大量枯黄后，到代销店索赔。代销店认为，其出售种子属于代理其他种子公司的经营行为，不应对种子质量负责，故拒绝赔偿。当李某要求该代销店提供苹果种子所属种子公司的具体情况时，因其未建立种子经营档案而无法提供。李某索赔不成，随即向某市林业局举报。在本案处理过程中，主要有两种意见：

第一种意见认为，代销店只是代理其他种子公司经营种子，应由种子公司对种子质量问题承担法律责任，代销店无法律责任。

第二种意见认为，代销店作为苹果种苗经营者，应按照《种子法》的规定建立种子经营档案，并对其经营种子的质量负责。因此，代销店应赔偿李某损失，并对其进行行政处罚。

你认为哪种意见正确，为什么？

4.【案情介绍】2002 年 10 月，李某、王某在与具有经营中药材营业执照的个体户张某的交谈中得知枫香种子近期市场价格升高。为获取非法利益，三人约定由张某负责提供枫香种子，由李某和王某负责销售。2002 年 10 月至 2003 年 4 月期间，张某采集枫香果球生产枫香种子 356 千克，先后多次提供给李某、王某在某市销售，共获利 3 万余元。后被该市林业局发现并予以立案。在案件处理过程中，执法人员对李某、王某违法行为的定性没有异议，但对张某行为的定性问题上存在意见分歧：

第一种意见认为，张某有中药材营业执照，经营的是中药材枫香果仁而非枫香种子，不属于《种子法》规范的对象，不应对张某进行行政处罚。

第二种意见认为，张某虽有中药材的营业执照，但其与李某、王某约定的是枫香种子的经营活动，在没有种子经营许可证的情况下，张某为李某、王某提供枫香种子，属于未取得种子经营许可证的共同违法行为。应对其进行行政处罚。

你认为哪种意见正确，为什么？

单元五 林业行政执法相关法律

第一节 林业行政执法

一、林业行政执法的概念

林业行政执法有广义和狭义之分。广义的林业行政执法，是指林业行政执法主体执行或适用法律、法规和规章，使法律、法规和规章在林业建设过程中得以实施的活动，包括行政许可、行政确认、行政奖励、行政裁决、行政处罚、行政强制、行政监督等行为。狭义的林业行政执法，是指林业行政处罚。

二、林业行政执法的主要内容

1. 森林、林木和林地权属管理

依据《宪法》《民法通则》《森林法》《森林法实施条例》等法律、法规、规章的有关规定，由县级以上人民政府依法确认森林、林木和林地的所有权或者使用权、核发林权证，予以保护，并依法办理变更登记手续；依法审核征用、占用林地行为；依法协调处理林权纠纷；依法规范森林、林木、林地的流转行为等。

2. 林木种苗管理

依据《中华人民共和国种子法》等法律、法规、规章的规定，保护种质资源，组织林木种子审定，核发林木种子生产许可证、经营许可证，规范种子生产、经营活动，审批种质资源的跨境携带、运输、引种等活动，查处种子违法犯罪的行为等。

3．森林防火管理

依据《森林法》《森林防火条例》等法律、法规和规章的规定，做好森林火险天气监测预报，依法建立健全防火组织、防火责任制，建设森林防火设施，规定森林防火期和森林防火戒严期，及时组织森林扑救火灾工作等。

4．森林植物检疫、病虫害防治管理

依据《森林法》《植物检疫条例》《森林病虫害防治条例》等法律、法规和规章的规定，规定林木种苗的检疫对象，划定疫区和保护区；依法确定应施检疫的森林植物及林产品名单；搞好森林病虫害预测预报；依法查处用带有危险性病虫害的林木种苗育苗或者造林的行为等。

5．植物新品种保护

依据《植物新品种保护条例》等法规、规章的规定，确定和公布林业植物新品种保护名录；组织实施品种权的授予和复审工作；依法查处品种权侵权和假冒授权品种案件等。

6．林木采伐、木材加工经营、运输和进出口管理

依据《森林法》《森林法实施条例》《森林采伐更新管理办法》等法律、法规、规章和规范性文件的规定，组织实施森林采伐限额和木材生产计划管理，依法核发林木采伐许可证，实施采伐更新管理；依法核发木材运输证，组织监督木材运输活动；审批林区经营加工木材活动，监督木材加工、收购和经营；依法审批珍贵树种、木材及其产品进出口；依法查处盗伐、滥伐林和毁林行为，查处木材运输、经营加工和珍贵树木、木材及其产品进出口活动中的违法犯罪行为等。

7．野生植物资源管理

依据《森林法》《野生植物保护条例》《自然保护区条例》《森林公园管理办法》以及《国家重点保护野生植物名录（第一批）》和地方重点保护野生植物名录的规定，依法监视、监测、评价国家重点保护野生植物和地方重点保护野生植物的生长环境；依法核发采集证和查处非法采集国家重点保护野生植物和地方重点保护野生植物的活动；依法控制和审批出售、收购进出口国家重点保护野生植物，查处非法出售、收购和进出口国家重点保护野生植物和地方重点保护野生植物的行为；依法规范森林类型自然保护区的建立、建设、旅游、考察、科研、教学实习、修筑设施活动等。

8．野生动物资源管理

依据《野生动物保护法》《中华人民共和国陆生野生动物保护实施条例》

《森林和野生动物类型自然保护区管理办法》《国家重点保护野生动物名录》《国家保护的有益的或者有重要经济、科学研究价值的陆生野生动物名录》和地方重点保护野生动物名录的规定，通过设立自然保护区、划定狩猎区、环境监测和环境影响报告、湿地保护、野生动物工作中的涉外活动审批以及野生动物受到自然灾害威胁时的拯救措施，对国家重点保护野生动物和地方重点保护野生动物的生存环境进行保护；对猎捕国家重点保护野生动物核发《特许猎捕证》；对猎捕非国家重点保护野生动物核发《狩猎证》；对驯养繁殖国家重点保护野生动物的单位和个人，核发《驯养繁殖许可证》；对国家重点保护野生动物的运输、进出口活动实行审批制度等。

第二节 林业行政处罚

一、林业行政处罚的概念、特点与原则

（一）林业行政处罚的概念

林业行政处罚是指县级以上林业主管部门、法律法规授权的组织以及林业主管部门依法委托的组织，对违反林业行政管理秩序尚未构成犯罪的公民、法人或者其他组织依法实施的一种行政制裁。

（二）林业行政处罚的特点

林业行政处罚具有以下基本特点：

（1）实施林业行政处罚的主体是特定的组织

实施林业行政处罚的主体包括：县级以上林业主管部门，法律、法规授权的组织，县级以上林业主管部门依法委托的组织。除此以外，其他任何单位和个人不得作为林业行政处罚的主体。

（2）林业行政处罚的对象是特定的对象

所谓特定的对象，是指违反了林业行政管理秩序，尚未构成犯罪并依法应予处罚的公民、法人或者其他组织，也包括在我国境内违反我国林业行政管理秩序的外国人、无国籍人、外国企业及其他组织。

（3）林业行政处罚的性质是一种惩戒制裁性的具体行政行为

具体行政行为，是实施林业行政处罚的主体针对特定人或事作出的或依法应作为而不作为的、直接影响行政相对人权利和义务的外部行为。所谓惩戒制裁性，体现在对相对人的权益予以限制（如暂扣采伐许可证等）、剥夺（如吊销许可证、没收财物等）或课以新的义务（如罚款等）。这一特征使林

业行政处罚既区别于行政处分、刑事制裁和民事制裁，又区别于行政奖励行为和行政许可行为。

（4）林业行政处罚是一种要式行政法律行为

实施林业行政处罚必须具备法律要求的特定形式并履行一定的法定程序方能成立有效。如对违反林业行政管理秩序的相对人作出处罚决定，必须制作统一格式的行政处罚决定书，处以罚款和没收财物必须使用法定部门制发的罚没收据等。否则，该处罚行为依法不成立和无效。

（三）林业行政处罚的原则

林业行政处罚的基本原则是指对林业行政处罚的设定和实施具有普遍指导意义的准则。根据《中华人民共和国行政处罚法》（以下简称《行政处罚法》）和《林业行政处罚程序规定》，林业行政处罚应遵循以下原则：

（1）处罚法定原则

处罚法定原则是依法行政在林业行政处罚中的具体体现和要求。处罚法定原则具体包括：实施林业行政处罚的主体及其职权必须是法定的；林业行政处罚的种类必须由法律和行政法规设定，其他法规、规章的设定无效；林业行政处罚的依据是法定的，法定依据的范围包括：法律、行政法规、地方性法规、行政规章等；林业行政处罚的程序是法定的，违反法定程序的林业行政处罚无效。

（2）公正、公开原则

公正原则是指实施林业行政处罚必须以事实为依据，决定林业行政处罚必须与违法行为的事实、性质、情节以及社会危害程度相当。公开原则是指实施林业行政处罚的主体及人员的身份公开，作出处罚决定的事实、理由和法定依据公开，举行的听证会公开。

（3）教育与处罚相结合原则

教育与处罚相结合原则要求实施林业行政处罚时必须坚持处罚与教育并行，教育公民、法人及其他组织自觉守法，不得不教而罚，一罚了之，更不能把处罚这一手段当作目的，为处罚而处罚。

（4）处罚救济原则

该原则又称相对人救济权利保障原则。行政处罚法所规定的救济是行政救济，是指相对人因程序上的法定权利受到损害，或受到违法或不当的林业行政处罚而致使其实体上的合法权益受到损害时，有权请求国家予以补救。相对人获得法律救济的权利包括：知情权、陈述权、申辩权、要求听证权、申请行政复议权，提起行政诉讼权和获得行政赔偿权等。

二、林业行政处罚的种类和形式

根据林业主管部门、法律法规授权的组织以及林业主管部门委托的组织（以下简称林业行政处罚主体）处以林业行政管理相对人的惩戒性义务为标准，林业行政处罚可分为以下几类。

1. 财产罚

财产罚是指林业行政处罚主体对违法者的财产权予以剥夺或科以财产给付义务的处罚类型。财产罚的具体形式主要有：罚款、没收财物（没收违法所得、没收非法财物）。

（1）罚款

罚款是林业行政处罚主体强制违法者承担金钱给付义务的处罚形式。它是行政处罚中适用范围较为广泛的一种处罚形式。罚款的特点在于使违法者对其违法行为付出一定代价，在不影响其人身自由及其合法活动的前提下，又能起到惩戒作用。罚款只能由法律、行政法规、地方性法规和规章设定，但部门规章和地方政府规章设定的罚款限额，依法应分别受到国务院和省级人大常委会规定的限制。

（2）没收财物

没收财物是指林业行政处罚主体对违法所得、非法财物（违禁品、赃款、赃物、非法使用的工具等）强制收归国有的处罚方法。如《中华人民共和国陆生野生动物保护实施条例》第 33 条规定，对非法捕杀国家重点保护的野生动物尚未构成犯罪行为的，由野生动物行政主管部门没收猎获物、猎捕工具和违法所得。

2. 行为罚

行为罚又称能力罚，是指林业行政处罚主体限制和剥夺违法者某种行为能力或资格的行政处罚。行为罚的主要形式有：责令停产停业、暂扣或者吊销许可证、暂扣或者吊销执照。

（1）责令停产停业

责令停产停业是指林业行政处罚主体依法强制违法者在一定期限内停止生产经营活动的处罚形式。

（2）暂扣、吊销许可证

许可证是林业行政处罚主体应行政相对人的申请，依法赋予行政相对人从事某种活动的法律资格或实施某种行为的法定权利的凭证，如林木采伐许可证、林木种子生产许可证、林木种子经营许可证、持枪证、狩猎证、驯养繁殖许可证等。

暂扣许可证与吊销许可证的严厉程度不同。前者是中止相对人从事某种活动的资格，待其改正之后或经过一定期限后再发还许可证和执照；后者是取消相对人从事某种活动的法定资格或权利。

三、实施林业行政处罚的条件

实施林业行政处罚的条件，是指实施林业行政处罚的主体实施林业行政处罚必须具备的法定条件。它是衡量林业行政处罚是否合法的重要标准之一。根据《行政处罚法》和《林业行政处罚程序规定》，实施林业行政处罚必须同时具备以下四个条件：

（1）实施林业行政处罚的主体资格合法

实施林业行政处罚的主体，必须是县级以上林业主管部门，法律、法规授权的组织以及县级以上林业主管部门依法委托的组织。这里的"法规"是指行政法规，不包括地方性法规。这里的"依法委托"是指依照法律、行政法规和部门规章的委托。被委托的组织必须是符合《行政处罚法》第19条规定的组织。

受委托的组织在实施林业行政处罚时，必须持有委托机关的书面委托书，并以委托机关的名义在委托的范围内实施处罚行为。受委托的组织依法不得再委托其他组织或个人实施处罚行为。

（2）被处罚对象的具体违法事实已查证属实

这一条件有以下两层涵义：①违法行为人明确。违法行为人是指实施了违反林业行政管理秩序的公民、法人或其他组织。②认定违法行为人违法活动的证据充分确实，主要事实清楚。证据充分，是对证据量方面的要求，必须达到对违法行为人实施违法活动的具体时间、地点、方式方法、工具、后果等主要事实都有相应的证据逐一证明；证据确实，是对证据质的方面的要求，必须达到据以认定违法活动的单个证据真实可靠，全案证据之间相互印证、协调一致，得出的结论是唯一的和排他的，而且对这些结论任何人都提不出有事实根据的、有道理和有实质意义的合理怀疑。

（3）法律、法规和规章规定应当给予林业行政处罚

这一条件是处罚法定原则的具体要求。对违法行为人实施处罚，必须有具体的法律、法规和规章的法定依据。法无明文具体规定的不得处罚，这是依法行政的基本要求。根据《行政处罚法》的有关规定，对下列情形依法不予处罚：①未满14周岁的人实施违法行为的；②精神病人在不能辨认或者

不能控制其行为时实施违法行为的；③违法行为轻微并及时纠正，未造成危害后果的；④违法行为在2年内未被发现的（但法律另有规定的除外）。

（4）属于查处的机关或组织管辖

林业行政处罚的管辖，是指实施林业行政处罚的主体在查处林业行政处罚案件上的分工和权限。它是衡量处罚主体是否依职权处罚或越权处罚的标准。

根据《林业行政处罚程序规定》，林业行政处罚的管辖分为以下几种：

① 级别管辖　是根据林业行政主管部门的级别确定的管辖，是划分上下级林业行政主管部门之间实施林业行政处罚的权限。根据《林业行政处罚程序规定》的规定，国务院林业主管部门管辖全国重大复杂的林业行政处罚案件；省级林业行政主管部门管辖本辖区内的林业行政处罚案件；地、州、市级林业行政主管部门管辖本辖区内的林业行政处罚案件；县级林业行政主管部门管辖本辖区内的林业行政处罚案件。

② 地域管辖　是划分同级林业主管部门之间受理林业行政处罚案件的分工。根据《林业行政处罚程序规定》的规定，林业行政处罚由违法行为发生地的林业主管部门管辖。违法行为地是指违法行为人实施违法活动的地点，包括违法行为实施地和违法行为结果地。违法行为人实施违法活动涉及多处地点，并且该多处地点又不在同一行政区域的，则由主要违法行为地的林业主管部门管辖。

③ 共同管辖　几个同级林业主管部门都有管辖权的林业行政处罚案件，由最初受理的林业行政主管部门管辖。

④ 指定管辖　对管辖权发生争议的林业行政处罚案件，由争议双方的共同上一级林业行政主管部门指定一方管辖。

四、实施林业行政处罚的程序

实施林业行政处罚的程序，是保障和制约处罚主体合法有效地行使林业行政处罚权的法定步骤和方式。根据《行政处罚法》第3条的规定，违反法定程序的行政处罚无效。可见，处罚程序是否正当合法，是法律评价行政处罚这一类具体行政行为是否合法有效的法定标准之一。林业行政处罚的程序分为简易程序和一般程序，在一般程序中又有听证程序作为其特殊部分。

1. 简易程序

简易程序又称当场处罚程序，是林业行政处罚实施主体对事实清楚、情节简单、后果较轻的违法行为当场进行处罚的程序。法律设置该程序的意义在于提高行政效率，节约执法成本，有利于当事人从烦琐程序中摆脱出来。

（1）简易程序适用的条件

①违法事实确凿；②具有法定依据；③处罚程度较轻。该程序仅限于警告和罚款这两种处罚形式，并且罚款幅度限定在对公民处 50 元以下，对法人或其他组织处 1000 元以下。

（2）简易程序的具体步骤

①表明执法身份，即执法人员应向当事人出示执法证或委托书；②说明处罚理由和依据，即告知当事人违法行为的事实，并指明处罚的法定依据；③告知当事人享有的法定权利，如陈述权、申辩权等；④制作当场处罚决定书并当场送达当事人；⑤当场执行，对当事人决定给以 20 元以下罚款和不当场收缴事后难以执行的，可以当场收缴罚款；对符合《林业行政处罚程序规定》第 42 条规定情形的，林业行政主管部门及其执法人员也可以当场收缴罚款，并于法定期限内缴付指定的银行；⑥当场处罚决定书须报所属行政机关备案。

2. 一般程序

一般程序又称普通程序，是指除了符合适用简易程序案件之外的、内容完整、要求严格、适用广泛的基本程序。一般程序适用于三类案件：①处罚较重的案件，如对个人处以警告和 50 元罚款以上的行政处罚案件，以及对法人或其他组织处以警告和 1000 元罚款以上的行政处罚案件；②情节复杂需经过调查才能弄清主要违法事实的行政处罚案件；③当事人对于执法人员给予当场处罚的事实认定有分歧，而无法作出行政处罚决定的案件。

一般程序包括以下五个步骤：

（1）立案

立案是林业行政主管部门对来自各种渠道的案件信息材料经过审查，认为需要给予林业行政处罚的违法行为，在法定期限内予以受理的行为。根据《林业行政处罚程序规定》第 24 条的规定，立案必须符合下列条件：①有违法行为发生；②违法行为是应受处罚的行为；③属于本机关管辖；④属于一般程序适用范围。立案人应当填写《林业行政处罚登记表》，并在 7 日内报行政负责人审批。

（2）调查

调查是指案件调查人员依法全面、客观、公正的收集、调取各种证据，查明案件真实情况的活动。案件承办人员向有关单位和个人调查时，必须出示执法证件，并不得少于 2 人。调查处理林业行政处罚案件的办案人员与当事人有直接利害关系的，应当自行申请回避；当事人认为办案人员与本案有利害关系或其他关系可能影响案件公正处理的，有权申请办案人员回避。办案人员的回避，由行政负责人批准；行政负责人的回避，由上级林业主管部门批准。在回避申请被批准之前，不得停止对案件的调查工作。

案件承办人员查处林业行政处罚案件，应当询问当事人或者其他知情人，并制作询问笔录。询问笔录应当交被询问人核对，对于没有阅读能力的，应当向其宣读；被询问人提出补充或者改正的，应当允许；被询问人确认笔录无误后，应当在笔录上签名或盖章；被询问人拒绝签名或者盖章的，应当在笔录上注明。询问人也应当在笔录上签名或者盖章。被询问人要求自行书写的，应当允许；必要时，案件承办人员也可以要求被询问人自行书写，自行书写的应当由本人签名或者盖章。

案件调查人员对于与违法行为有关的场所、物品可以进行勘验检查，并制作勘验检查笔录。该笔录应当由参加勘验检查的人员、被邀请的见证人以及有关当事人签名或者盖章。对案件中涉及的某些专门性问题，林业主管部门可以指派或者聘请有专门知识的人进行鉴定。鉴定人进行鉴定后，应当提出书面鉴定结论并签名或者盖章，注明本人身份。

林业主管部门根据调查的材料，如果将对当事人作出责令停产停业、吊销许可证、较大数额罚款等行政处罚决定之前，应当告知当事人有要求举行听证的权利。当事人要求听证的，林业行政主管部门应当组织听证。林业行政处罚的听证程序是林业主管部门在对当事人作出处罚决定前，由林业主管部门派专人主持听取案件调查人员和当事人就案件事实、处罚理由及适用依据，进行陈述、质证和辩论的法定程序。

林业行政处罚的听证程序为：①听证提出。当事人要求听证的，应当在林业主管部门告知后 3 日内提出。这是启动听证的必要程序。此外，林业主管部门认为确有必要时也可以主动组织听证。②听证通知。组织听证的林业主管部门应当在听证会举行的 7 日前制发《举行听证通知》，将听证的时间、地点等事项通知当事人，以便当事人做好听证前的准备工作。③举行听证会。听证会由林业主管部门指定非本案调查取证并与本案无利害关系的人主持。要求听证的当事人可以亲自参加听证，也可以委托 1~2 名代理人出席或与代理人同时出席。除涉及个人隐私、商业秘密、国家机密外，听证会一律公开举行。听证会由主持人宣布开始，先由调查取证人员提出当事人违法的事实、证据和处罚建议；然后由当事人进行陈述、申辩和质证；最后由主持人宣布听证结束，当事人作最后陈述。④制作《林业行政处罚听证笔录》。在听证会进行过程中应制作笔录，笔录应当交当事人审核无误后签字或者盖章。主持人和记录人也应当在听证笔录上签名或盖章。听证笔录是行政处罚的重要依据，应与其他证据材料一并入档归案。

对组织听证会的费用，当事人依法不予承担。

(3) 决定

决定是指林业主管部门在查清违法行为人的主要违法事实后，依法作出处罚决定的行为。决定对违法行为人实施林业行政处罚，必须符合上述实施林业行政处罚的四个条件，并制作《林业行政处罚决定书》，决定书应当载明《林业行政处罚程序规定》规定的法定事项。林业主管部门或其委托的组织作出的林业行政处罚，应当在林业行政处罚决定书上加盖林业主管部门的印章；法律、法规授权的组织作出的林业行政处罚，应当在林业行政处罚决定书上加盖本组织的印章。

林业行政处罚的办案期限自立案之日起，应当在一个月内办理完毕；需要延长办案期限的，经行政负责人批准可延长2个月；特殊情况下在3个月内仍不能结案还需要延长的，须报上级林业主管部门批准。为了保证和监督林业行政处罚的合法有效性，对情节复杂或重大违法行为需要给予较重处罚的，林业主管部门的负责人应当集体讨论决定。对被处罚人提出的申诉和检举行为，林业主管部门应当认真审查，发现确有错误的，应当主动改正。林业行政主管部门负责人发现本部门作出的林业行政处罚确有错误的，有权提请集体讨论，以决定是否重新处理。

(4) 送达

送达是林业行政主体依照法定程序和方式，将其制作的《林业行政处罚决定书》送交被处罚人的行为。林业行政处罚决定书，是记载林业行政主体依法处罚违法行为人处罚内容的一种书面行政法律文书。处罚单位要使其处罚的内容发生预期的处罚作用，必须依照法定方式于7日内将处罚决定书送达被处罚人，使被处罚人及时了解处罚决定书的内容，做好履行法定义务或行使法定权利的准备工作。因此，送达《林业行政处罚决定书》，是林业主管部门、法律法规授权的组织和林业主管部门依法委托的组织的一项法定义务，对执法实践起着重要作用。送达主要有以下几种方式：①直接送达。又称交付送达，即作出处罚决定的单位派专人将《林业行政处罚决定书》送交给被处罚人。被处罚人是公民的，应由本人签收。被处罚人是法人或其他组织的，应当由法人的法定代表人、其他组织的主要负责人或者该法人、其他组织负责收件的人签收。②转交送达。被处罚人不在时，作出处罚决定的单位将《林业行政处罚决定书》，交被处罚人所在单位或者其成年家属代收后转交给被处罚人。这种方式是直接送达的补充。③留置送达。被处罚人或者代收人拒绝接收《林业行政处罚决定书》时，送达人依法将处罚决定书留在受送达人住处或单位。《林业行政处罚程序规定》规定："被处罚人或者代收人拒绝接收或者签名、盖章的，送达人可以邀请其邻居或者其单位有关人员到场，说明情况，把《林业行政处罚决定书》留在其住处或单位，并在送达回证上记明拒绝理由、送达的日期，由送达人签名，即视为送达。"这种送达方式与直接送达具有同等的法律效力。④委托送达。被处罚人不在本地的，作出处罚决定的单位可以委托被处罚人所在地的林业主管部门代为送达。⑤邮寄送达。被处罚人不在本地的，作出处罚决定的单位，将处罚决定书挂号邮寄给被处罚人。邮寄送达处罚决定书的，以挂号回执上注明的收件日期为送达日期。

以上五种送达方式中，除邮寄送达以挂号回执上注明的收件日期为送达日期外，其余四种送达方式均以送达回证上签名或者盖章的日期为送达日期。送达回证是证明受送达人收到处罚决定书的凭证。除了邮寄送达外，采用其余四种送达方式送达处罚决定书时，应当附有送达回证。

送达《林业行政处罚决定书》，是一种能够产生法律后果的行为。这种法律后果表现为：一是服从处罚的被处罚人自动履行义务；二是被处罚人不服处罚的，依法申请行政复议或者提起行政诉讼。如果被处罚人在法定期限内没有提起行政复议或行政诉讼，又不履行法定义务的，林业行政主体可以申请人民法院强制执行或者依法强制执行。

（5）执行

执行又称强制执行，是指人民法院或具有法定执行权的林业行政主体，依照法定条件和程序采取的强制义务人履行义务或实现与履行义务相同状态的行为。强制执行的主体是人民法院或享有强制执行权的林业行政主体。

林业主管部门一般情况下不具有强制执行的权利，只有特殊情况下才依法享有强制执行的权利。

依据执行人是否直接取代被执行人应为的行为为标准，林业行政主体强制执行分为间接强制执行和直接强制执行。①间接强制执行。其主要执行方法是代执行和执行罚。代执行是指义务人逾期不履行义务时，林业行政主体或授权的单位代为履行，由法定义务人负担代为履行的一切费用。如《森林病虫害防治条例》第 25 条规定，被责令限期除治森林病虫害者不除治的，林业主管部门或其授权的单位可以代为除治，由被责令限期除治者承担全部防治费用。执行罚是指林业主管部门对拒不履行生效行政处罚决定书的义务人科处一定数额的金钱给付义务，以促使其履行义务的行政强制方法。根据《林业行政处罚程序规定》第 45 条的规定，对到期不缴纳罚款的义务人，每日按罚款数额的 3%加处罚款，以促使其履行义务。②直接强制执行。是指林业行政主体对拒不履行法定义务的相对方的人身或财产自行采取强制手段，迫使其履行义务或实现与履行义务相同状态的方法。如根据法律规定，将查封、扣押的财物拍卖或者将冻结的存款划拨抵缴罚款，或者依法申请人民法院强制执行。

3. 听证程序

听证程序是指林业行政主管部门对属于听证范围的行政处罚案件在作出行政处罚前，依法听取听证参加人的陈述、申辩和质证的程序。它是林业行政处罚一般程序中适用特定林业行政处罚案件的一种特殊程序，是从属于一般程序而非独立的一个程序。

林业行政主管部门应当根据听证报告确定的事实、证据和给予处罚的依据，根据《行政处罚法》第38条的规定作出决定。

案例分析

【基本案情】2002年12月初，村民杜某无证采伐自己责任山上的松树15棵，砍伐同村村民张某责任山上的松树5棵。案发后，县林业局对杜某作出行政处罚：对其采伐自己责任山上的树木的行为定性为滥伐，除责令补种树木75棵外，处以滥伐林木价值2倍的罚款；对其采伐他人责任山上的树木的行为定性为盗伐，责令补种树木50棵，没收所盗伐的林木，并处盗伐林木价值3倍的罚款，两项共计罚款1800元。此后，林业局多次要杜某交清罚款，但杜某态度蛮横拒不交纳。林业局认为杜某提请行政复议或向法院提起行政诉讼的期限已过、处罚决定已经生效，遂组织执法人员上门"强制执行"，牵走杜某家中150千克重的肥猪一头，还抬走杜家的缝纫机一台。杜某不服，向县人民法院提起行政诉讼。

【处理意见】法院经审理认为县林业局"强制执行"是一种越权行为，故判决县林业局返还所执行的杜某的财产，并赔偿因"强制执行"给杜某造成的损失。

【案件评析】某县人民法院的判决是正确的。

行政强制执行是指行政管理相对人不履行行政机关作出的行政处理决定，由具有执行权的国家机关依法强制该负有履行义务的当事人履行义务而采用各种强制手段的活动。目前，在我国只有工商、税务等少数行政机关有强制执行权。本案中，作为被告的林业局并没有强制执行权。因此，其认为处罚决定已经生效而自行采取的行政强制措施是违法的。《行政处罚法》第51条规定，当事人逾期不履行行政处罚决定的，作出行政处罚决定的行政机关可以采取下列措施：①到期不缴纳罚款的，每日按罚款数额的3%加处罚款；②根据法律规定，将查封、扣押的财物拍卖或者将冻结的存款划拨抵缴罚款；③申请人民法院强制执行。目前，林业主管部门没有行政强制执行权，在处理林业行政案件的过程中，当处罚决定难以执行时，林业主管部门可以依法申请人民法院强制执行，不能越权强制执行。

【观点概括】当事人逾期不履行行政处罚决定的，作出行政处罚决定的行政机关可以申请人民法院强制执行，不能越权自行强制执行。

第三节 林业行政复议

一、林业行政复议的概念、特征与原则

（一）林业行政复议的概念

林业行政复议是指公民、法人或其他组织认为林业行政执法主体的具体行政行为侵犯其合法权益，依法向法定行政机关提出申请，由受理申请的机关依法定程序对原具体行政行为的合法性和适当性进行审查并作出相应决定的活动。《行政复议法》是 1999 年 4 月 29 日第九届全国人民代表大会常委会第九次会议通过，自 10 月 1 日起施行的。

（二）林业行政复议的特征

林业行政复议具有以下特征：

（1）林业行政复议是一种依申请的行为

林业行政复议程序，只能因林业行政管理相对人的申请而启动，不能由林业行政复议机关依职权而主动提起，也不得由其他任何单位和个人提起。

（2）林业行政复议的主体是具有法定行政复议职责的复议机关

即受理复议申请、依法对具体行政行为进行审查并作出决定的行政机关，包括林业行政主管部门所隶属的本级人民政府和上一级林业行政主管部门。实践中由申请人选择其中之一申请行政复议。

（3）林业行政复议的对象

即林业行政执法主体作出的具体行政行为和作出该具体行政行为所依据的特定范围的抽象行政行为。"特定范围的抽象行政行为"是指除部门规章和地方政府规章以外的下列抽象行政行为：一是国务院部门的规定；二是县级以上地方各级人民政府及其工作部门的规定；三是乡镇人民政府的规定。对这些抽象行政行为申请复议的内容，依法仅限于该行为的合法性，而不包括适当性问题。

（4）林业行政复议具有行政监督性和行政救济性

复议机关通过行政复议程序，对下级林业行政执法主体作出的具体行政行为及依据的有关规范性文件予以审查，或予以矫正或予以撤销或加以变更，它是一种层级监督、事后监督和间接监督的方式。通过这种监督，纠正下级林业行政执法主体的违法或不当行政行为，赔偿由此给

行政管理相对人造成的损失,从而起到行政补救作用,保护行政管理相对人的合法权益。

(三)林业行政复议的原则

1. 合法原则

合法原则是指承担复议职责的行政机关,必须严格按照法律规定的职责权限,以事实为根据,以法律为准绳,对行政管理相对人申请复议的具体行政行为,依法定程序进行审查,以确保复议活动的合法性。包括以下内容:

(1)履行复议职责的主体应当合法。即复议机关须是法律、法规赋予复议权的林业行政主管部门或者人民政府,并对复议、审理的争议案件依法享有管辖权。

(2)审理复议案件的依据应当合法。即复议机关受理和审理林业行政复议案件,依照法律、行政法规、地方性法规和上级行政机关制定的其他规范性文件;审理民族自治地方的复议案件,并依据该民族自治地方的自治条例和单行条例。

(3)审理案件的程序合法。即复议机关审理复议案件的步骤、顺序、形式和期限均符合《行政复议法》和有关法律、法规的规定。

2. 公正、公开原则

公正原则是指林业行政复议机关在行使行政复议权时,应当公平地对待双方当事人,不得偏颇。公正性要求复议机关必须坚决贯彻法律面前人人平等的原则,正确处理复议机关和被申请人的关系、防止有意或无意地偏袒被申请人。公开原则是指林业行政复议的依据公开、程序公开、复议结果公开,避免因"暗箱操作"可能导致的消极腐败现象。

3. 及时、便民原则

及时原则亦称效率原则,是指林业行政复议机关在受理复议申请、决定审理方式、作出复议决定和履行复议决定等方面应提高行政效率,在法定期限内完成复议的相关工作。便民原则是指复议机关应当有效地保障行政管理相对人充分行使复议申请权,尽可能地为复议申请人提供各种便利条件,避免使其耗费不必要的时间、费用和精力。

此外,根据《行政复议法》和有关法律的规定,行政复议还应当遵循以下原则:复议机关依法独立行使复议权原则;实行一级复议制原则;不适用调解原则;书面审理原则以及对具体行政行为合法性和适当性进行审查的原则。

二、林业行政复议的范围与管辖

（一）林业行政复议的范围

1．林业行政复议的范围

林业行政复议的范围是指复议机关受理行政争议的范围，也是法律允许公民、法人和其他组织申请林业行政复议的事项范围。根据《行政复议法》《森林法》及《森林法实施条例》等法律、法规的规定，林业行政复议的范围主要包括：①对林业行政执法主体作出的罚款，没收财物等行政处罚决定不服的；②对林业行政执法主体作出的查封、扣押、冻结财产等行政强制措施不服的；③认为符合法定条件，申请林业行政主管部门颁发许可证或者申请林业行政主管部门审批、登记有关事项，林业行政主管部门没有依法办理的；④对林业行政主管部门作出的有关林木采伐许可证、木材运输证件、批准出口文件、允许进出口证明等证书的变更、中止或者撤销的决定不服的；⑤对林业行政主管部门关于林权归属的决定不服的；⑥认为林业行政主管部门侵犯其合法承包经营权的；⑦认为林业行政主管部门变更或者废止承包造林合同，侵犯其合法权益的；⑧认为林业行政主管部门违法集资、征集财物、摊派费用或者违法要求履行义务的；⑨认为林业行政执法主体的其他具体行政行为侵犯其合法权益的。

公民、法人或者其他组织在针对上述具体行政行为申请复议时，如果认为这些具体行政行为所依据的有关规定不合法，还依法有权一并向复议机关提出对该规定的审查申请。但这些规定仅限于《行政复议法》第7条规定的抽象行政行为，并且对这些抽象行政行为申请复议时，必须与相关联的具体行政行为一并提出，而不得单独提出复议申请。

2．依法不能申请林业行政复议的情形

根据《行政复议法》第8条的规定，下列事项不能申请行政复议：

① 对林业行政主管部门作出的行政处分或者其他人事处理决定。行政处分是行政机关对行政机关工作人员作出的惩戒决定。行政处分分为：警告、记过、记大过、降级、撤职、开除六种。对于行政处分不服的，依法可以向行政监察机关申诉；其他人事处理决定，如辞退、职务任免、职务升降等，不服此类人事处理决定的，依法可以在接到处理决定之日起30日内向原处理机关申请复核，或者向同级人民政府人事部门申诉。

② 对林业行政执法主体就民事纠纷作出的调解和其他处理。行政机关

对民事纠纷的调解属于行政调解。所谓行政调解，是指行政机关主持的，通过说服教育的方法促使当事人互谅互让达成协议，从而解决纠纷的诉讼外活动。"其他处理"，如行政机关对侵权赔偿的处理等，这些调解和处理，是行政机关作为第三方对当事人之间民事纠纷居中作出的调解处理意见。如果调解不成，或者当事人不服行政机关的处理，可以依法向仲裁机关申请仲裁或者向人民法院提起民事诉讼。此时，原进行调解或作出处理的行政机关不是该类民事纠纷的当事人，其原进行的调解或作出的处理也不发生法律效力。

（二）林业行政复议的管辖

林业行政复议的管辖是指林业行政复议机关受理林业行政复议案件的分工和权限。林业行政复议的管辖分为一般管辖和特殊管辖。

1. 一般管辖

一般管辖是指按照行政机关的上下隶属关系确定行政复议案件由有领导权或指导权的上一级行政机关受理。具体分为：①对县级以上地方各级林业行政主管部门的具体行政行为不服，由申请人选择该林业行政主管部门所属的本级人民政府或者上一级林业行政主管部门申请行政复议。②对地方各级人民政府的具体行政行为不服的，申请人向其上一级人民政府申请行政复议。③对国务院林业行政主管部门或省、自治区、直辖市人民政府的具体行政行为不服的，先由作出原具体行政行为的部门或机关复议，对该复议不服的，可以直接向人民法院提起行政诉讼，也可以申请国务院作出裁决。国务院依法作出的裁决是最终裁决，不能对其再提起行政诉讼。

2. 特殊管辖

特殊管辖是指不适用一般管辖原则，依法需要特殊对待的行政复议管辖。分为四种：①对两个或两个以上行政机关以共同名义作出的具体行政行为不服申请复议的，由它们的共同上一级行政机关管辖。②对县级以上地方人民政府依法设立的派出机关（行政公署、区公所、街道办事处）的具体行政行为不服申请复议的，由设立该派出机关的人民政府管辖。③对法律、法规授权的组织作出的具体行政行为不服申请复议的，由直接管理该组织的地方人民政府、地方人民政府工作部门或者国务院林业行政主管部门管辖。例如，对森林公安局、森林公安分局、森林公安警察大队根据《森林法》第20条的授权以自己的名义作出的具体行政行为不服的，应理解为由直接管辖各该组织的地方人民政府及其工作部门或者国务院林业行政主管部门分别管辖。④对被撤销的行政机关在其被撤销前作出的具体行政行为不服而申请复议的，由继续行使其职权的行政机关的上一级行政机关管辖。

由于上述特殊管辖所涉及的行政执法主体情况比较复杂,其隶属关系有时难以被行政管理相对人所熟知,为了方便行政相对人行使复议申请权,《行政复议法》第18条明确指出,对上述特殊复议管辖,申请人也可以向具体行政行为发生地的县级地方人民政府提出复议申请,由接受申请的该地方人民政府在7日内负责转送有关行政复议机关,并将转送的情况告知申请人。

三、林业行政复议程序

林业行政复议程序是指林业行政复议申请人向复议机关申请复议和复议机关作出复议决定的各项步骤、形式、顺序和期限的总和。它是林业行政复议合法、高效进行的重要保证。林业行政复议程序一般包括六个阶段。

1. 申请

复议申请包括申请复议的方式、内容、效力和条件等。

(1) 申请的方式、内容和效力

申请实行书面申请和口头申请并以书面申请方式为主要方式。对口头申请的,复议机关应当当场记录申请人的基本情况、行政复议请求、申请行政复议的主要事实、理由和时间。书面申请要采取复议申请书形式。

复议申请的提出,意味着行政争议的公开产生,同时发生启动林业行政复议程序的法律效力。但复议申请人的复议申请并不当然产生停止具体行政行为的执行效力,这是具体行政行为的公定力、强制力和执行力的表现。但根据《行政复议法》第21条规定,具有下列情形之一的,可以停止执行:①被申请人认为需要停止执行的;②行政复议机关认为需要停止执行的;③申请人申请停止执行、行政复议机关认为其要求合理而决定停止执行的;④法律规定停止执行的。如被行政拘留的本人或其家属提供担保人或按规定交纳保证金的,在复议期间可暂缓执行。

(2) 申请行政复议的条件

申请行政复议应当同时符合下列条件:①申请人必须是认为具体行政行为侵犯其合法权益的公民、法人或者其他组织。但下述情况例外:有权申请行政复议的公民死亡的,其近亲属可以申请行政复议;有权申请行政复议的公民为无民事行为能力人或者限制民事行为能力人的,其法定代理人可以代为申请行政复议;有权申请行政复议的法人或其他组织终止的,承受其权利的法人或其他组织可以申请行政复议;有权申请行政复议的公民被依法剥夺或限制人身自由的,允许其近亲属或其聘请的律师代为行使复议申请权。②有明确的被申请人。被申请人可能是申请人在其复议申请中指明实施侵犯其合法权益的具体行政行为的行政机关，或者是法律、法规授权的作出某些具体行政行为的组织。但受委托作出具体行政行为的单位不能成为被申请人。③有具体的复议请求和事实根据。"具体的复议请求"包括申请要求复议机关决定撤销、变更或责令被申请人重新作出具体行政行为等。"事实根据"既包括能够证明林业行政执法主体已作出某种具体行政行为的材料（林业行政处罚决定书、罚没收据等），也包括申请人认为能够证明林业行政执法主体已作出的具体行政行为侵犯其合法权益，能够支持其复议请求的其他各种证据材料。④属于申请复议的范围和受案复议机关管辖。⑤必须在法定申请期限内申请复议。《行政复议法》规定："公民、法人或者其他组织认为具体行政行为侵犯其合法权益的，可以自知道该具体行政行为之日起 60 日内提出行政复议申请；但是法律规定的申请期限超过 60 日的除外。"60 日为一般期限，超过 60 日的为特殊期限。对以往单行法律、法规规定的申请期限少于 60 日的，在《行政复议法》于 1999 年 10 月 1 日施行后，则一律按 60 日执行。

此外，行政管理相对人如果由于不可抗力或者其他特殊情况耽误法定申请期限的，复议机关应当允许续延。

2. 受理

受理是指复议机关对符合条件的复议申请决定立案的行为。复议机关在收到复议申请书后，应当在 5 日内进行审查并分别情况作出以下处理：①对符合受理条件的，复议机关应当受理。"受理条件"即申请人申请复议的条件。②复议机关对不符合申请复议条件的复议申请，决定不予受理并告知申请人不予受理的理由。

《行政复议法》第 20 条规定："公民、法人或者其他组织依法提出行政复议申请，行政复议机关无正当理由不予受理的，上级行政机关应当责令其受理；必要时，上级行政机关也可以直接受理。"

受理是复议机关的一种法律行为。受理意味着复议程序的开始和复议机关的复议期限开始计算，没有法定理由不得随意中断，并且应当在法定期限内作出复议决定，否则将构成程序违法。

对申请人来说，复议申请被复议机关受理后，在复议期间依法不得针对同一个具体行政行为提起行政诉讼，即受理产生了排除人民法院对该具体行政行为管辖的效力。除非复议申请人撤回复议申请，并且该复议申请的事项不属于法律规定的复议前置情形，才可以在撤回复议申请后于法定起诉期限内有权提起行政诉讼。

3. 审理

行政复议的审理是行政复议机关对受理的行政复议案件进行合法性和

适当性审查的过程,是行政复议程序的核心。

(1) 审理前的准备工作

行政复议机关负责法制工作的机构应当自受理行政复议申请之日起 7 日内,将行政复议申请书副本或者行政复议申请笔录复印件发送被申请人。被申请人应当在收到申请书副本或申请笔录复印件之日起 10 日内,提出答辩书,并提交当初作出具体行政行为的证据、依据和其他有关材料。对被申请人提交的上述材料,申请人和第三人依法享有阅卷知情权,但涉及国家机密、商业秘密或个人隐私的除外。

(2) 审理的方式

行政复议通常实行书面审理方式,即对申请人特别是被申请人提供的据以支持其具体行政行为的书面材料依法审查。书面审查并不排斥必要的调查工作,复议机关为查清事实,可以向当事人、证人及第三人了解案情。但在行政复议过程中,被申请人不得向申请人和其他有关组织或者个人搜集证据。

(3) 审理的范围和依据

行政复议实行全面审查制。"全面审查制"是指复议机关审理行政复议案件,不受复议申请人申请书中事项范围的限制,既对具体行政行为的合法性和适当性进行审查,也对与具体行政行为相牵连的特定范围的抽象行政行为进行审查。

审理依据是指复议机关审理行政复议案件时所依照的法定标准。根据行政管理的一般原理和行政复议的实践,审理依据包括法律、行政法规、地方性法规、规章、上级行政机关依法制定和发布的具有普遍约束力的决定和命令以及民族自治地方的自治条例和单行条例。复议机关对与具体行政行为相牵连的特定范围的抽象行政行为进行审查时,或上述法律规范之间发生冲突时,应当遵守《中华人民共和国立法法》规定的法律适用规则选择适用法律规范,或提请有权机关处理。

(4) 审理的期限

复议机关应当自受理复议申请之日起 60 日内作出复议决定。但法律规定行政复议期限少于 60 日的除外。情况复杂、不能在规定的期限内作出复议决定的,经行政复议机关的负责人批准,可以适当延长。但延长期限最多不超过 30 日。

4. 决定

行政复议决定是指行政复议机关在对具体行政行为的合法性和适当性进行审查后所作出的审查结论。复议决定主要有六种:

（1）维持决定

复议机关认为被申请人作出的具体行政行为事实清楚，证据确凿充分，适用法律正确，内容适当，程序合法的，决定维持。

（2）限期履行决定

行政复议机关认为被申请人确有不履行法定职责的，责令其在一定期限内履行。

（3）变更决定

复议机关认为原具体行政行为认定的事实清楚，证据充分确凿，但适用法律不当，内容不当，越权或者滥用职权的，作出变更原具体行政行为的决定。

（4）确认决定

复议机关对被申请人的不作为行为、不能成立的行政行为或者无效的行政行为，确认该行为违法的复议决定。

（5）撤销决定

复议机关认为被申请人作出的具体行政行为主要事实不清，证据不足，适用法律错误，程序违法的，决定撤销该具体行政行为。

（6）责令赔偿决定

申请人在申请行政复议时一并提出行政赔偿请求的（当然也可单独提出赔偿请求），复议机关经审查确认被申请人的具体行政行为违法并造成了申请人合法权益实际损害的，依法作出责令被申请人赔偿损失的复议决定。责令赔偿的决定，可以单独作出，也可以同其他决定一并作出。对行政赔偿的复议，依法可以调解。

复议机关的复议决定具有确定力、拘束力和执行力。复议决定一经作出就被推定为合法有效，其内容不可随意否认和变更，在未被有权机关确认违法或撤销之前，其内容对有关人员和组织具有法律上的拘束力，复议决定所确定的义务人必须依法履行。即使复议申请人不服复议决定提起行政诉讼，在行政诉讼期间复议决定通常也不停止执行（符合法定条件停止执行的除外）。

《行政复议决定书》是行政复议机关对具体行政行为审查后作出的结论性书面形式。《行政复议决定书》的内容应当包括复议申请人、被申请人、复议申请人的主张、被申请人的主张、复议机关认定的事实和复议决定等。

5. 送达

同林业行政处罚中关于林业行政处罚决定书的送达。

6. 执行

发生法律效力的行政复议决定分为终局决定和非终局决定。终局的复议决定一经送达即发生法律效力。终局的复议决定主要包括：国务院依照《行政复议法》所作出的最终裁决；根据国务院或者省级人民政府对行政区划的勘定、调整或征用土地的决定；省级人民政府确认的土地、矿藏、水流等自然资源的所有权或者使用权的行政复议决定。

对于终局复议决定，当事人必须服从，依法不得向人民法院提起行政诉讼。对于非终局的复议决定，如果申请人对复议决定不服的，可以在接到复议决定书之日起15日内，或者法律、法规规定的其他期限内向人民法院提起行政诉讼。申请人逾期对非终局决定既不履行又不起诉的，或者对终局复议决定不履行的，则将被依法强制执行。如果法律赋予行政机关强制执行权的，该行政机关可以直接依法强制执行，不享有强制执行权的，则可以依法申请人民法院强制执行。对发生法律效力的复议决定的执行，根据复议决定的种类分别作出以下处理：①对于维持决定，由最初作出具体行政行为的行政机关申请人民法院强制执行或者依法强制执行。②对于变更决定，由复议机关申请人民法院强制执行或者依法强制执行。③对于履行决定，行政复议机关或者有关上级行政机关应责令负有履行职责和义务的行政执法主体限期履行。

案例分析

【基本案情】1999年9月，某国有公司征用一处林地搞开发建设，因征地补偿费分配问题，引发了山前村与山后村之间关于林地所有权的纠纷，山前村请求县政府予以裁决。同年10月，县政府作出决定，该林地山前村、山后村各拥有一半的所有权。裁决作出后，山前村不服，认为该林地应全部归本村所有，遂在法定期限内，向市政府申请了行政复议。

【处理意见】对于是否应受理行政复议申请，市政府存在两种不同的意见：

第一种意见认为，县政府的处理属于对民事纠纷的调解，不能申请行政复议。

第二种意见认为，县政府的处理属于行政裁决行为，当事人对裁决不服的，可以申请行政复议。

市政府采纳了第二种意见，决定受理山前村的行政复议申请。

【案件评析】市政府的决定是正确的。

复议机关是否能受理山前村的复议申请，需要明确以下两个问题：

第一，本案中县政府作出的处理行为属于何种法律性质？

县政府的处理决定，究竟是行政调解还是行政裁决，这是本案的关键所在。所谓行政调解，是指行政机关主持的，以法律、法规为依据，以自愿为原则，通过说服教育，促使民事争议双方互谅互让，达成协议的一种活动。行政调解是实践中解决民事争议的一种便捷方式，调解的结果要靠双方当事人自觉自愿的遵守执行，对当事人没有法律约束力，当事人不执行调解协议的，不能强制执行。行政裁决是指行政机关依法裁决与行政管理有关的纠纷的活动。它包含几层含义：①主持行政裁决活动的是行政机关；②所涉及的是与行政管理有关的产生于平等主体之间的纠纷；③所作出行政裁决是行政机关的法定职责之一。与行政调解相比，行政裁决具有一定的法律效力，但行政裁决不是最终的决定，对行政裁决不服的，还可以向法院提起诉讼。根据《森林法》的规定，国家所有的和集体所有的森林、林木和林地，个人所有的林木和使用的林地，由县级以上地方人民政府登记造册，发放证书，确认所有权和使用权。该法第17条第1款规定，单位之间发生的林木、林地所有权和使用权争议，由县级以上人民政府依法处理。因此，本案中的县政府对该起林权纠纷的处理应属履行法定职责的行为，并非行政调解，而是行政裁决行为。

第二，县政府作出的行政裁决是否可以申请行政复议？

根据相关法律、法规规定，行政裁决主要适用于对土地、草原、水面、滩涂等自然资源的所有权或使用权争议和对专利、商标等知识产权争议。《行政复议法》第6条第4项规定，对行政机关作出的关于确认土地、矿藏、水流、森林、山岭、草原、荒地、滩涂、海域等自然资源的所有权或者使用权的决定不服的，可以申请行政复议。据此，山前村对于县政府就自然资源的所有权所作出的行政裁决，依法可以申请行政复议。

因此，县政府对林地使用权争议作出的确权决定，属于行政裁决行为，山前村如不服，依法可以申请行政复议，市政府对此作出受理决定是符合法律规定的。

【观点概括】对行政机关确认矿藏、水流、森林、山岭、草原、荒地、滩涂等自然资源的所有权和使用权的行政裁决不服的，可以申请行政复议。

第四节　林业行政诉讼

一、林业行政诉讼的概念、特征与原则

（一）林业行政诉讼的概念

林业行政诉讼是指公民、法人或者其他组织认为林业行政执法主体的具体行政行为侵犯其合法权益，依法向人民法院提起诉讼，由人民法院进行审理并作出裁判的活动。林业行政诉讼是我国行政诉讼的一种，其诉讼

活动必须依照行政诉讼法的规定进行。所谓行政诉讼法，是指人民法院据以审理公民、法人或者其他组织不服行政机关具体行政行为而形成的行政案件的一系列程序方面的法律规范的总称。行政诉讼法有广义、狭义之分。狭义的行政诉讼法也称形式意义上的行政诉讼法，专指我国 1989 年 4 月 4 日由第七届全国人民代表大会第二次会议通过的《中华人民共和国行政诉讼法》（以下简称《行政诉讼法》）。广义的行政诉讼法也称实质意义的行政诉讼法，除行政诉讼法外，还包括一切有关行政诉讼法的法律规范，它们分散在各种法律、法规及立法、司法解释中，如最高人民法院《关于执行〈中华人民共和国行政诉讼法〉若干问题的解释》（以下简称《若干问题的解释》）。

（二）林业行政诉讼的法律特征

① 林业行政诉讼中的原告、被告具有恒定性。林业行政诉讼中的原告，是对林业行政执法主体作出的具体行政行为不服，依法向人民法院提起行政诉讼的公民、法人或者其他组织。林业行政诉讼中的被告，是针对行政管理相对人作出具体行政行为并且相对人对该具体行政行为不服而提起行政诉讼的林业行政执法主体。

② 林业行政诉讼的标的是林业行政执法主体作出的行政行为。林业行政执法主体即各级林业行政主管部门，法律、法规授权的组织。

③ 林业行政诉讼案件只限于相对人就林业行政执法主体作出的行政行为的合法性和适当性所发生的争议。

④ 林业行政诉讼是人民法院运用国家审判权监督林业行政执法主体依法行使职权和履行职责，保护公民、法人和其他组织合法权益不受违法行政行为损害的司法活动。

（三）林业行政诉讼的基本原则

林业行政诉讼的基本原则就是林业行政诉讼过程中必须遵守的行为准则。主要有以下原则：

① 人民法院依法独立行使行政审判原则。
② 以事实为根据、以法律为准绳的原则。
③ 具体行政行为合法性审查原则。
④ 当事人的法律地位平等原则。
⑤ 有权使用本民族语言文字原则。
⑥ 当事人有权辩论原则。

⑦ 合议、回避、公开审判和两审终审原则。
⑧ 人民检察院实行法律监督原则。

二、林业行政诉讼的受案范围与管辖

（一）林业行政诉讼的受案范围

林业行政诉讼的受案范围是指人民法院受理林业行政案件的范围。根据《行政诉讼法》《若干问题的解释》《森林法》及《森林法实施条例》的有关规定，人民法院受理林业行政案件的范围，主要包括：①对林业行政执法主体作出的行政处罚不服的；②对林业行政执法主体作出的扣押等行政强制措施不服的；③认为林业行政执法主体侵犯法定承包经营权的；④认为符合法定条件，申请林业行政主管部门颁发许可证或者给予行政批准，林业行政主管部门拒绝颁发、批准或者不予答复的；⑤认为林业行政执法主体违法要求履行义务的；⑥认为林业行政执法主体的具体行政行为侵犯其人身权、财产权的。

根据《行政诉讼法》和《若干问题的解释》的规定，公民、法人或者其他组织对下列行为不服提起诉讼的，不属于人民法院行政诉讼的受案范围：行政法规、规章或者林业行政主管部门制定、发布的具有普遍约束力的决定、命令；林业行政主管部门对林业行政主管部门工作人员的奖惩、任免等决定；森林公安机关依照《刑事诉讼法》的明确授权实施的行为；林业行政执法主体的调解行为；林业行政主管部门作出的不具有强制力的行政指导行为；林业行政主管部门驳回当事人对行政行为提起申诉的重复处理行为；林业行政执法主体作出的对公民、法人或者其他组织的权利义务不产生实际影响的行为。

（二）林业行政诉讼的管辖

行政诉讼的管辖是指各级人民法院之间或者同级人民法院之间受理第一审行政案件的权限划分。

1. 确定管辖的方式

人民法院的管辖权限划分有以下五种方式：地域管辖、级别管辖、指定管辖、移送管辖和管辖权的转移。在确定管辖权的归属时，以地域管辖为主，以级别管辖、指定管辖、移送管辖和管辖权转移为补充。

（1）地域管辖

地域管辖是指不同地区的人民法院之间的权限划分。一是最初作出具体行政行为的行政机关所在地人民法院管辖第一审行政案件。经复议案件，复议机关改变原具体行政行为的，也可以由复议机关所在地人民法院管辖。根据《若干问题的解释》第7条规定，以下复议决定属于"改变原具体行政行为"：改变原具体行政行为所认定的主要事实和证据的；改变原具体行政行为所适用的规范依据且对定性产生影响的；撤销、部分撤销或者变更原具体行政行为处理结果的。二是对限制人身自由的行政强制措施不服提起的诉讼，由被告所在地或者原告所在地人民法院管辖。根据《若干问题的解释》第9条，"原告所在地"，包括原告的户籍所在地、经常居住地和被限制人身自由地。行政机关基于同一事实既对人身又对财产实施行政处罚或者采取行政强制措施的，被限制人身自由的公民、被扣押或者没收财产的公民、法人或者其他组织对上述行为均不服的，既可以向被告所在地人民法院提起诉讼，也可以向原告所在地人民法院提起诉讼，受诉人民法院可一并管辖。三是因不动产而提起的诉讼，由不动产所在地的人民法院管辖。不动产是指形体上不可移动或者移动就会损失经济价值的财产，如土地、建筑物、滩涂、山林、草原等。

（2）级别管辖

级别管辖是指不同级别的人民法院之间的权限划分。一是除法律规定由上级法院管辖的特殊情形之外，行政案件都应由基层人民法院负责管辖。二是中级人民法院依照《行政诉讼法》第14条规定管辖以下行政案件：①确认发明专利权的案件、海关处理的案件；②对国务院各部门或者省、自治区、直辖市人民政府所做的具体行政行为提起诉讼的案件；③本辖区内重大、复杂的案件。根据《若干问题的解释》第8条，下列案件属于"本辖区内重大、复杂的案件"：被告为县级以上人民政府，且基层人民法院不适宜审理的案件；社会影响重大的共同诉讼、集团诉讼案件；重大涉外或者涉及香港特别行政区、澳门特别行政区、台湾地区的案件；其他重大、复杂案件。三是高级人民法院管辖本辖区内重大、复杂的第一审行政案件。四是最高人民法院管辖全国范围内重大、复杂的第一审行政案件。

（3）指定管辖

指定管辖是指上级法院决定将行政案件交由某一下级法院管辖的制度。《行政诉讼法》第22条规定：有管辖权的人民法院由于特殊原因不能行使管辖权的，由上级人民法院指定管辖。

（4）移送管辖

移送管辖是指受诉人民法院在决定受理之后发现案件不属于自己管辖的，将案件移送给有管辖权的法院。

（5）管辖权的转移

管辖权的转移是指基于上级法院裁定，下级法院将自己管辖的行政案件转交上级法院审理，或者上级法院将自己有管辖权的行政案件，交由下级法院审理。

2．管辖权异议

管辖权异议，是指行政诉讼当事人对受理案件的法院提出的管辖权方面的异议。对此，《若干问题的解释》第10条规定，当事人提出管辖异议，应当在接到人民法院应诉通知之日起10日内书面形式提出。对当事人提出的管辖异议，人民法院应当进行审查。异议成立的，裁定将案件移送有管辖权的人民法院；异议不成立的，裁定驳回。当事人对裁定不服的，有权在裁定送达后5日内上诉。

三、林业行政诉讼参加人

林业行政诉讼参加人，是指在林业行政诉讼中为保护自己或他人的合法权益而参加诉讼的当事人和类似当事人诉讼地位的人。行政诉讼的当事人是指因具体行政行为发生争议，以自己名义进行诉讼，并受人民法院裁判约束的主体。行政诉讼当事人在不同审理程序中有不同的称谓。在行政诉讼一审程序中，当事人称为原告、被告和第三人；在第二审程序中，当事人称为上诉人和被上诉人；在审判监督程序中，当事人称为申诉人和被申诉人；在执行程序中，又称为申请执行人和被申请执行人。一般情况下，行政诉讼的当事人是指一审程序中的原告、被告和第三人。

（一）行政诉讼的原告

原告是指依照行政诉讼法提起行政诉讼的公民、法人或者其他组织。提起行政诉讼的原告资格有两类，一是认为具体行政行为侵犯其合法权益的公民、法人或者组织；二是与具体行政行为在法律上有利害关系并对该行为不服的公民、法人或者其他组织。

依照《若干问题的解释》第13条，有下列情形之一的，公民、法人或者其他组织可以依法提起行政诉讼：①被诉的具体行政行为涉及其相邻权或者公平竞争权的；②与被诉的行政复议决定有法律上利害关系或者在复议程序中被追加为第三人的；③要求主管行政机关依法追究加害人法律责任的；④与撤销或者变更具体行政行为有法律上利害关系的。

《若干问题的解释》第14条至第18条还规定了可以作为原告提起行政

诉讼的其他五种情况：①合伙企业向人民法院提起诉讼的，应当以核准登记的字号为原告，由执行合伙企业事务的合伙人作诉讼代表人；其他合伙组织提起诉讼的，合伙人为共同原告。②联营企业、中外合资或者合作企业的联营、合资、合作各方，认为联营、合资、合作企业权益或者自己一方合法权益受具体行政行为侵害的，均可以自己的名义提起诉讼。③农村土地承包人等土地使用权人对行政机关处分其使用的农村集体所有土地的行为不服，可以自己的名义提起诉讼。④非国有企业被行政机关注销、撤销、合并、强令兼并、出售、分立或者改变企业隶属关系的，该企业或者其法定代表人可以提起诉讼。⑤股份企业的股东大会、股东代表大会、董事会等认为行政机关作出的具体行政行为侵犯企业经营自主权的，可以企业名义提起诉讼。

有权提起行政诉讼的公民死亡的，其近亲属可以提起诉讼。公民因被限制人身自由而不能提起诉讼的，其近亲属可以依其口头或者书面委托以该公民的名义提起诉讼。这里的"近亲属"，包括配偶、父母、子女、兄弟姐妹、祖父母、外祖父母、孙子女、外孙子女和其他具有扶养、赡养关系的亲属。有权提起诉讼的法人或者其他组织终止，承受其权利的法人或者其他组织可以提起诉讼。

（二）行政诉讼的被告

公民、法人或者其他组织对具体行政行为不服，提起诉讼的，应有明确而且符合法定条件的被告。原告所起诉的被告不符合法定条件的，人民法院应当告知原告变更被告；原告不同意变更的，裁定驳回起诉。

根据行政诉讼法的规定，公民、法人或者其他组织直接向人民法院提起诉讼的，作出具体行政行为的行政机关是被告。经复议的案件，复议机关决定维持原具体行政行为的，作出原具体行政行为的行政机关是被告；复议机关改变原具体行政行为的，复议机关是被告。两个以上行政机关作出同一具体行政行为的，共同作出具体行政行为的行政机关是共同被告。由法律、法规授权的组织所作的具体行政行为，该组织是被告。由行政机关委托的组织所作的具体行政行为，委托的行政机关是被告。行政机关被撤销的，继续行使其职权的行政机关是被告。

另外，《若干问题的解释》第19条至22条对确定被告还规定了如下四种情况：①当事人不服经上级行政机关批准的具体行政行为，向人民法院提起诉讼的，应当以在对外发生法律效力的文书上署名的机关为被告。②行政机关组建并赋予行政管理职能但不具有独立承担法律责任能力的机构，以自己的名义作出具体行政行为，当事人不服提起诉讼的，应当以组建该机构的行政机关为被告。行政机关的内设机构或者派出机构在没有法律、法规或者规章授权的情况下，以自己的名义作出具体行政行为，当事人不服提起诉讼的，应当以该行政机关为被告。法律、法规或者规章授权行使行政职权的行政机关内设机构、派出机构或者其他组织，超出法定授权范围实施行政行为，当事人不服提起诉讼的，应当以实施该行为的机构或者组织为被告。③行政机关在没有法律、法规或者规章规定的情况下，授权其内设机构、派出机构或者其他组织行使行政职权的，应当视为委托。当事人不服提起诉讼的，应当以该行政机关为被告。④复议机关在法定期间内不作复议决定，当事人对原具体行政行为不服提起诉讼的，应当以作出原具体行政行为的行政机关为被告；当事人对复议机关不作为不服提起诉讼的，应当以复议机关为被告。

（三）行政诉讼第三人

行政诉讼的第三人是指因与被提起行政诉讼的具体行政行为有法律上的利害关系，通过申请或法院通知形式，参加到诉讼中的当事人。第三人具有独立的诉讼地位，其参加诉讼是为了保护自己的权益，如果它对第一审判决不服，有权提起上诉。

（四）行政诉讼代理人

行政诉讼代理人是指以当事人名义，在代理权限内，代理当事人进行诉讼活动的人。

《行政诉讼法》第28条规定：没有诉讼行为能力的公民，由其法定代理人代为诉讼。法定代理人互相推诿代理责任的，由人民法院指定其中一人代为诉讼。另外，当事人、法定代理人，可以委托1~2人代为诉讼。律师、社会团体、提起诉讼的公民的近亲属或者所在单位推荐的人，以及经人民法院许可的其他公民，可以受委托为诉讼代理人。代理诉讼的律师，可以依照规定查阅与案件有关的材料，可以向有关组织和公民调查，搜集证据。对涉及国家秘密和个人隐私的材料，应当依照法律规定保密。经人民法院许可，当事人和其他诉讼代理人可以查阅案件庭审材料，但涉及国家秘密和个人隐私的除外。

当事人委托诉讼代理人，应当向人民法院提交由委托人签名或者盖章的授权委托书。委托书应当载明委托事项和具体权限。公民在特殊情况下无法书面委托的，也可以口头委托。口头委托的，人民法院应当核实并记录在卷。当事人解除或者变更委托的，应当书面报告人民法院，由人民法院通知其他当事人。

四、林业行政诉讼程序

林业行政程序是指人民法院受理林业行政案件之后至终审之前所适用的法定步骤和方式。我国的行政诉讼程序分为：第一审程序、第二审程序、审判监督程序和执行程序。

（一）第一审程序

第一审程序是人民法院首次审理行政案件所适用的程序，分为：起诉、受理、审理前的准备工作、开庭审理四个阶段。

1. 起诉

起诉是指相对人认为林业行政执法主体的具体行政行为侵犯其合法权益，依法诉请人民法院对该具体行政行为进行审查，以保护其合法权益的诉讼行为。起诉必须具备以下条件：①原告是认为具体行政行为侵犯其合法权益的公民、法人或者其他组织；②有明确的被告；③有具体的诉讼请求和事实依据；④属于人民法院受案范围和受诉人民法院管辖；⑤在法定起诉期限内起诉。

起诉期限是指相对人有权请求人民法院保护其合法权益的法定期限。《行政诉讼法》和《若干问题解释》规定了四种情形下的起诉期限：①直接起诉期限为3个月；但单行法律、法规另有规定的，从其规定。该期限自相对人应当知道作出具体行政行为之日起计算。②经行政复议的案件的起诉期限为15日，自复议申请人接到复议决定书之日起计算。③行政机关作出具体行政行为或复议机关作出复议决定时，未告知相对人或复议申请人诉权或者起诉期限的，起诉期限最长不超过2年，自相对人或复议申请人知道或者应当知道诉权或者起诉期限之日起计算。④相对人因不可抗力等非自身原因超过起诉期限的，因非自身原因耽误的时间在起诉期间内扣除。

原告起诉的方式，原则上应以书面方式起诉，应当向人民法院提交起诉状，并按被告人数提交诉状副本。但法律并不排除口头起诉。

2. 受理

受理是指人民法院对原告的起诉经审查后，在法定期限内决定立案的诉讼行为。

人民法院对原告起诉的审查，主要包括以下内容：是否符合起诉条件；依法应当经过行政复议的行政争议是否经过行政复议；是否属于重复起诉；起诉状的内容是否明确、齐备等。人民法院经过审查，依法分别作出如下处理：

（1）依法应予受理的主要情形

①符合起诉条件的，应当在7日内立案。②受案人民法院在7日内既不立案，又不作出裁定的，起诉人有权向上一级人民法院申诉或者起诉；上一级人民法院认为符合受理条件并受理后，可以自行审理或移交或指定下级人民法院审理。③复议机关不受理复议申请人的申请或者在法定期限内不作出复议决定，相对人不服依法向人民法院起诉的。④法律、法规未规定复议前置程序，相对人向复议机关申请复议后，又经复议机关同意撤回复议申请，在法定期限内对原具体行政行为起诉的。⑤原告因未交案件诉讼费而被法院按自动撤诉处理后，在法定期限内预交了诉讼费，再次起诉的。⑥法院判决撤销行政机关具体行政行为后，相对人对行政机关重新作出的具体行政行为不服起诉的。⑦相对人申请行政机关履行法定职责，行政机关在接到申请之日起60日内不履行（法律、法规、规章和其他规范性文件对该期限另有规定的，从其规定），相对人起诉的。⑧相对人在紧急情况下请求行政机关履行保护其人身权、财产权的法定职责，行政机关不履行，相对人起诉的。⑨行政机关作出具体行政行为时，不制作或者不送达法律文书，相对人对该具体行政行为不服，又能证明该具体行政行为存在而起诉的等。

（2）依法先予受理的情况

受案人民法院在7日内不能决定是否受理时，依法应当先予受理；受理后经审查不符合起诉条件的，裁定驳回起诉。

（3）依法不予受理的情况

起诉不符合起诉条件的；已申请行政复议，在法定复议期间内又向法院起诉的；人民法院裁定准许撤诉后，以同一事实和理由重新起诉的。

3. 审理前的准备工作

审理前的准备工作是人民法院受理案件后至开庭审理前，为保证庭审顺利进行的一系列准备工作，其任务是为开庭审理创造必要条件。主要的准备工作有：

（1）通知被告应诉和发送诉讼文书

受诉人民法院应当自立案之日起5日内将原告的起诉状副本发送给被告，通知被告应诉，被告应当在收到起诉状副本之日起10日内提交作出具体行政行为的证据等有关材料，提出答辩状，提出管辖异议。人民法院应当在收到被告提出的答辩状之日起5日内将其副本发送给原告。被告不答辩的，不影响人民法院对案件的审理。

（2）组成合议庭并决定是否公开审理

除了涉及国家机密、商业秘密和个人隐私的案件外，应依法公开审理。

（3）合议庭阅卷、拟定庭审提纲，及时变更和追加当事人

原告起诉的被告不合格，人民法院应当告知原告变更被告；原告不同意变更的，裁定驳回起诉；应当追加被告而原告不同意追加的，人民法院应通知其以第三人身份参加诉讼。

（4）财产保全

人民法院对于因一方当事人的行为或者其他原因，可能使具体行政行为或者人民法院生效裁判不能或者难以执行的案件，可以根据对方当事人的申请作出财产保全的裁定；当事人没有提出申请的，人民法院在必要时也可以依法采取财产保全措施。

（5）通知和公告

于开庭3日前通知当事人及其他诉讼参与人开庭审理的时间、地点和方式，并公告公开审理案件的法定项目。

4．开庭审理

开庭审理是指审判人员在当事人和其他诉讼参与人的参加下，依法定方式和程序对案件进行审查并作出裁判的诉讼活动。它是整个审判活动的中心。庭审前，书记员应查明当事人和其他诉讼参与人是否到庭，并宣布法庭纪律。法庭审理主要分为四个阶段：

（1）宣布开庭阶段

由审判长宣布开庭，依次核对诉讼参加人，宣布案由、宣布合议庭组成人员和书记员名单，告知当事人有关权利义务，询问当事人是否申请回避、理由并依法作出决定。

（2）法庭调查阶段

法庭调查依次由原告陈述起诉意见，被告提出答辩和第三人发表意见；依次按原告、被告、第三人的顺序出示有关证据，相互质证；由合议庭宣读依法收集的证据，由各方当事人质证和发表意见。法庭调查的主要任务在于：全面查清案件事实，审核各种证据真假，为正确认定事实和适用法律奠定基础。法庭调查阶段的核心内容是当事人各方对对方提供的以及法庭依职权调取的证据进行质证。所谓质证，是指诉讼当事人对法庭上所出示的各类证据采取询问、辨认、质疑、说明和辩驳等方式，对各个证据的合法性、真实性和关联性与否进行阐述的活动。质证旨在各方当事人说明各个证据材料的证明力有无和大小，目的在于影响法庭确认证据是否能够作为定案的依据。依照法律规定，未经法庭质证的证据不能作为人民法院裁判定案的依据。

根据《最高人民法院关于行政诉讼证据若干问题的规定》的有关规定，质证的主要规则包括：①经合法传唤，因被告无正当理由拒不到庭而需要依

法缺席判决的,被告提供的证据不能作为定案的依据,但当事人在庭前交换证据中没有争议的除外。②涉及国家秘密、商业秘密和个人隐私或者法律规定的其他应当保密的证据,不得在开庭时公开质证。③根据书证原件、物证原物分别优于其复印件、复制品的证据证明力规则,当事人应当出示书证原件和物证原物;原件、原物已不存在或出示原件原物确有困难的,分别可以出示或经法庭准许可以出示复制件或者复制品;国家机关以及其他职能部门依职权所作的公文文书优于其他书证。④根据原始证据优于传来证据的证据证明力规则,当事人出示的视听资料应当是原始载体,出示原始载体确有困难的,可以出示其复制件,并当庭播放或显示。⑤作为出庭作证的证人不得旁听案件的审理;出庭作证的证人证言优于未出庭作证的证人证言,但具有法定理由的,当事人可以提交书面证言;其他证人证言优于与当事人有亲属关系或者其他密切关系的证人提供的对该当事人有利的证言;证人应当陈述其亲历的具体事实,证人根据其经历所作的判断、推测或评论,不能作为定案的依据。⑥当事人要求鉴定人出庭接受询问的,鉴定人应当出庭;鉴定人因法定情形或正当理由不能出庭的,经法庭准许,可以不出庭,由当事人对其书面鉴定结论进行质证;对被诉具体行政行为涉及的专门性问题,当事人可以向法庭申请由专业人员出庭进行说明,法庭也可以通知专业人员出庭说明,必要时法庭可以组织专业人员进行对质,专业人员可以对鉴定人进行询问;对有多个鉴定结论证明同一事实的,法定鉴定部门的鉴定结论优于其他鉴定部门的鉴定结论。⑦法庭主持勘验所制作的勘验笔录优于其他部门主持勘验所制作的勘验笔录,勘验笔录、现场笔录、鉴定结论、档案材料以及经过公证或登记的书证优于其他书证、视听资料和证人证言。⑧数个种类不同内容一致的证据优于一个孤立的证据。⑨下列证据材料不能作为定案依据:严重违反法定程序收集的证据材料;以偷拍、偷录、窃听等手段获取侵害他人合法权益的证据材料;以利诱、欺诈、胁迫、暴力等不正当手段获取的证据材料,当事人无正当理由超出举证期限提供的证据材料;在我国领域以外或香港、澳门特别行政区和台湾地区形成的未办理法定证明手续的证据材料,当事人无正当理由拒不提供原件、原物,又无其他证据印证,且对方当事人不予认可的证据的复制件或者复制品;被当事人或者他人进行技术处理而无法辨明真伪的证据材料,不能正确表达意志的证人提供的证言,不具备合法性和真实性的其他证据材料;违反法律禁止性规定或者以侵犯他人合法权益的方法取得的证据材料等。⑩下列证据不能单独作为定案依据:未成年人所作的与其年龄和智力状况不相适应的证言,与一方当事人有亲属关系或其他密切关系的证人所作的对该当事人有利的证言,或者与一方当事人有不利关系的证人所作的对该当事人不利的证言，应当出庭作证而无正当理由不出庭作证的证人证言；难以识别是否经过修改的视听材料（无法与原件、原物核对的复制件或者复制品）；经一方当事人或者他人改动，对方当事人不予认可的证据材料；其他不能单独作为定案依据的证据材料。依法不能作为认定被诉具体行政行为合法的证据包括：被告及其诉讼代理人在作出具体行政行为后或者在诉讼程序中自行收集的证据，被告在行政程序中非法剥夺公民、法人或者其他组织依法享有的陈述、申辩或听证权利所采用的证据，原告或者第三人在诉讼程序中提供的、被告在行政程序中未作为具体行政行为依据的证据。

（3）法庭辩论阶段

法庭辩论的目的，是听取各方当事人对案件争议焦点的观点及理由，进一步查清案件事实，核实证据，明确各方责任，对具体行政行为的合法性进行审查。辩论发言的顺序依次为原告、被告、第三人，最后可以相互辩论。

（4）评议与宣判阶段

合议庭评议案件，首先应当对当事人各方出示和法庭宣读的证据进行确认采信后，据以认定案件事实，然后适用相关法律判定被告所作具体行政行为是否合法有效，最后按照少数服从多数的原则制作判决书。人民法院对行政诉讼案件经过审理，可以作出以下六种判决形式：①维持判决，适用于行政机关作出的具体行政行为事实清楚、证据确凿充分、适用法律正确、程序合法。②撤销判决，适用于行政机关作出具体行政行为的全部内容或部分内容依据的主要证据不足，适用法律法规错误、程序违法、超越职权或滥用职权。③变更判决，适用于行政机关实施的行政处罚行为显失公正。④履行判决，适用于行政机关依法负有职责，具有法定义务而消极不作为的案件。⑤驳回判决，适用于下列情形之一：起诉被告不作为理由不能成立的，被诉具体行政行为合法，但因法律、政策变化需要变更或废止的，其他应当判决驳回诉讼请求的情形。⑥确认判决，适用于下列情形之一：被告不履行法定职责，但判决责令其履行法定职责已无实际意义的；被诉具体行政行为违法，但不具有可撤销内容的；被诉的具体行政行为依法不成立或无效的。

人民法院作出的判决，如果当庭宣判的应当在10日内送达判决书；定期宣判的，应当在宣判后立即送达判决书。判决书应当告知当事人不服一审判决的上诉权、上诉期限和上诉的人民法院。

人民法院对第一审行政案件的审理期限为3个月。自立案之日起至作出判决之日止。有特殊情况需延长的，由高级人民法院批准，高级人民法院审理第一审案件需要延长的由最高人民法院批准。

（二）第二审程序

第二审程序又称上诉审程序，是指当事人对第一审人民法院作出的未生效判决或裁定不服时，依法向上一级人民法院提起上诉，请求上一级人民法院对案件重新进行审理和裁判的程序。二审程序为终审程序，当事人不服，不得上诉。第二审程序旨在及时纠正一审的错误判决，保护当事人的合法权益，有利于上级人民法院对下级人民法院的监督、检查。

根据《行政诉讼法》的规定，除该法有特别规定的以外，第二审程序适用第一审程序的规定。第二审程序有其特殊规定：

（1）上诉期限

当事人不服第一审人民法院的判决，应在收到判决书之日起15日内向上一级人民法院上诉；当事人不服第一审人民法院裁定的，应在收到裁定书之日起10日内向上一级人民法院上诉。当事人提出上诉，应当按照其他当事人或者诉讼代理人的人数提出上诉状副本；原审人民法院在收到上诉状的5日内，将上诉状副本送达其他当事人，对方当事人应在收到上诉状副本之日起10日内提出答辩状；原审人民法院应当在收到答辩状之日起5日内将答辩状副本送达对方当事人；原审人民法院收到上诉状、答辩状后，应当在5日内连同全部案卷和证据，报送二审人民法院。

（2）审理原则和审理形式

二审法院审理上诉案件，应当对原审人民法院的裁判和被诉具体行政行为是否合法进行全面审查，即实行全面审查原则。审理形式分为开庭审理和书面审理。开庭审理适用于当事人对原审人民法院认定的事实有争议或者二审人民法院认为原审人民法院认定事实不清；书面审理适用于除事实清楚以外的情形。

（3）裁判形式

二审人民法院经过审理，可以依法作出以下几种裁判：①撤销原审裁判。二审人民法院认为原审人民法院不予受理或者驳回起诉的裁定确有错误，且符合起诉条件的，应当裁定撤销原审人民法院裁定，指令其依法立案受理或者继续审理；原审判决遗漏必须参加诉讼的当事人或者诉讼请求的，应当裁定撤销原判，发回重审；原判决认定事实不清，证据不足，或者由于违反法定程序可能影响案件正确判决的，也应当裁定撤销原判，发回重审，但也可以在查清事实的基础上依法改判；原审人民法院作出实体判决后，二审人民法院认为不应当受理的，在裁定撤销原判决的同时，可以发回重审,也可以驳回上诉。②依法改判。适用于原判决认定事实清楚,但适用法律、法规错误。③维持原判。适用于认定事实清楚,适用法律、法规正确,程序合法。

(4)审理期限

人民法院应在收到上诉状之日起2个月内审结上诉案件。如有特殊情况需要延长的,由高级人民法院或最高人民法院批准。

(三)审判监督程序

人民法院对已经发生法律效力的判决和裁定,发现确有错误,经法定部门提出后由人民法院进行再次审理的程序,称为审判监督程序,又叫再审程序。审判监督程序与第二审程序都是为审查、纠正错误判决、裁定而设定的程序,但二者在提起的主体、审理的对象、提起的理由和审理的法院等方面都是不同的。审判监督程序的意义旨在坚持有错必纠的方针,保护当事人的合法权益。

1. 再审案件的提起

根据《行政诉讼法》的规定,有权提起再审的人员和机关有:各级人民法院院长对本院作出的已生效的判决、裁定认为确有错误的,应当提交审判委员会决定是否再审;上级人民法院对下级人民法院作出的已生效的判决、裁定,认为确有错误的,有权提审或指令下级人民法院再审;最高人民检察院对各级人民法院已生效的判决、裁定,上级人民检察院对下级人民法院已生效的判决或裁定,如果发现有违反法律、法规规定的,有权向同级人民法院提出抗诉。"违反法律、法规规定",是指具有下列情形之一的:原判决、裁定认定的事实主要证据不足;原裁判适用法律、法规确有错误;违反法定程序,可能影响案件正确裁判等。

当事人申请再审,应当在判决、裁定发生法律效力后2年内提出;当事人对生效的行政赔偿调解书,提出证据证明调解违反自愿原则或者调解协议的内容违反法律规定的,也可以在2年内申请再审。

2. 再审案件的审理

凡是决定再审的行政案件,不管通过哪条途径进入再审,均应作出中止原判决、裁定执行的裁定。中止原判决、裁定执行的裁定应由人民法院院长署名,加盖人民法院印章。依照审判监督程序进行再审的案件,应另行组成合议庭,原合议庭成员不得参加新组成的合议庭。

再审的程序主要应由原审级决定。原来只经第一审人民法院审理就终结而生效的判决裁定,无论是自行再审还是指令再审,应按照第一审程序重新审理，作出的裁判是第一审裁判，当事人不服，可以上诉；原来是经第二审人民法院审理而生效的判决、裁定，无论是自行再审还是指令再审，都只能适用第二审程序，所作出的新的判决、裁定，为终审的判决、裁定，当事人不能上诉；再审案件是由最高人民法院、上级人民法院提审的案件，适用第二审程序，作出的判决、裁定为终审判决、裁定，当事人也不得提出上诉。

人民法院审理再审案件，发现生效裁判有下列情形之一的，应当裁定发回作出生效判决、裁定的人民法院重新审理：审理本案的审判人员、书记员应当回避而未回避的；依法应当开庭审理而未经开庭即作出判决的；未经合法传唤当事人而缺席判决的；遗漏必须参加诉讼的当事人的；对与本案有关的诉讼请求未予裁判的；其他违反法定程序可能影响案件正确裁判的。

（四）执行程序

执行程序是指人民法院根据申请人的申请，对拒不履行生效行政法律文书、行政裁判文书的义务人，采取强制措施，使生效行政法律文书、行政裁判文书的内容得以实现的程序。

行政执行案件因执行根据的不同分为两类：一类是对行政机关作出的具体行政行为的执行（又称非诉行政行为），其执行根据为：行政处罚决定书、行政复议决定书或行政裁决书等行政法律文书；另一类是对人民法院生效行政裁判文书的执行，其执行根据为：行政判决书、行政裁定书、行政赔偿判决书或者行政赔偿调解书等行政裁判文书。

执行程序主要分为申请、审查和执行三个主要阶段。

1. 申请

申请分为以下两种情况：

（1）对生效具体行政行为的申请执行

林业行政执法主体申请执行其具体行政行为，必须同时具备下列七个条件：①具体行政行为依法可以由人民法院执行。即林业行政执法主体申请法院执行的具体行政行为，必须是其没有强制执行权的行政案件，以及法律、法规规定既可以由行政机关依法强制执行，也可以申请人民法院强制执行的行政案件。②被申请执行的具体行政行为已经生效并具有可执行内容。可执行的内容是指给付义务（如罚款）和实施特定行为的义务（如退回占用的林地）等。③申请人是作出具体行政行为的行政机关或者法律、法规授权的组织。④被申请人是该具体行政行为所确定的义务人。⑤被申请人在具体行政行为确定的期限内或者行政执法主体另行指定的期限内未履行义务。⑥申请人在法定期限内提出申请。法定期限是指自被执行人的法定起诉期限届满之日起 6 个月内。⑦被申请执行的行政案件属于申请执行的人民法院管辖。

行政裁决是行政机关依照法律授权，对发生在行政管理活动中的平等主体间的特定民事争议进行审查并作出裁决的具体行政行为。如《森林法》第 17 条规定的有关人民政府对林权争议的处理，即属于行政裁决的范畴。在行政诉讼实践中，常会遇到以下情况，行政机关根据法律的授权对平等主体之间的民事争议作出裁决后，行政裁决所确定的义务人在法定期限内既不履行其义务又不申请复议和起诉，而作出裁决的行政机关在申请执行的期限内也未申请人民法院强制执行。如果不赋予具体行政行为确定的权利人向法院申请强制执行具体行政行为的权利，行政裁决将无异于一纸空文，权利人的权利也难以保障。

根据《若干问题的解释》的规定，行政裁决的具体行政行为中确定的权利人有向法院申请强制执行该具体行政行为的权利。其申请应当符合四个条件：申请人是生效具体行政行为确定的权利人或其继承人、权利承受人；权利人申请执行的具体行政行为，仅限于法律（不包括行政法规、地方性法规）授权行政主体对平等主体之间的民事争议作出的行政裁决；只有在行政机关申请执行的期限（6 个月）内，未提出申请执行的情况下，申请人方可提出强制执行申请；申请人申请强制执行的期限为 3 个月，自行政机关强制执行期限届满之日起计算。

行政机关申请人民法院强制执行其生效具体行政行为时，应当提交申请执行书，据以执行的行政法律文书，证明其具体行政行为合法的材料和被执行人财产状况以及其他必须提交的材料。

行政裁决确定的权利人向有管辖权的人民法院提出执行申请时，也应当提交申请执行书、生效的行政裁决书或其他形式的书面处理意见等材料。

（2）对生效行政裁判文书的申请执行

行政管理相对人等申请人民法院强制执行生效裁判文书的，除参照行政机关申请强制执行的条件外，还须符合以下条件：

① 申请执行的期限　申请人是公民的，申请执行生效的行政判决书、行政裁定书，行政赔偿判决书和行政赔偿调解书的期限为 1 年；申请人是行政机关、法人或者其他组织的，申请执行生效行政裁判文书的期限为 6 个月，申请执行的期限从法律文书规定的履行期间最后一日起计算；法律文书没有规定履行期限的，从该法律文书送达当事人之日起计算。

② 申请执行的人民法院　发生法律效力的行政裁判文书，由第一审人民法院执行；第一审人民法院认为情况特殊需要由第二审人民法院执行的，可报请二审人民法院决定执行的人民法院；二审人民法院可决定由其执行，也可以决定由第一审人民法院执行。

2. 审查

人民法院受理行政机关申请执行其具体行政行为的案件后，应当在30日内由行政审判庭组成合议庭对具体行政行为的合法性进行审查，并就是否准予强制执行作出裁定。被申请执行的具体行政行为有下列情形之一的，人民法院应当裁定不予执行：明显缺乏事实根据的；明显缺乏法律依据的；其他明显违法并损害被执行人合法权益的。

对于行政管理相对人和行政机关申请执行人民法院生效的行政裁判文书的，可直接向人民法院的执行机构申请。

3. 执行

按照"审执分开"的原则，案件审判机构（行政庭）应当将案件移送执行机构（执行庭）执行。执行机构对被执行人是行政机关的，可适用的执行措施有：罚款、划拨、建议对责任人给予行政处分和建议追究责任人刑事责任；对被执行人是行政管理相对人的，所适用的执行措施有：扣留、提取、划拨、扣押、冻结、拍卖、变卖、强制拆除、拘留等。

案例分析

【基本案情】村民杨某因不服县林业局对其作出的行政处罚决定，遂向县人民法院提起行政诉讼。县人民法院受理后，依法向被告送达了起诉书副本及应诉通知书，同时也向被告送达了举证通知书，告知其举证期限及相应的法律后果。但被告对此并未放在心上，超过规定的答辩期限（收到起诉状副本之日起10日）后，才向县人民法院提供了作出行政处罚的证据、依据。

【处理意见】县人民法院在审理过程中，存在两种不同的意见：

第一种意见认为，被告虽然超过答辩期限才提供证据，但其作出的具体行政行为并无不当之处，应维持其行政处罚决定。

第二种意见认为，被告在法定期限内未提供作出行政处罚决定的证据，又无正当理由，应当认定被告对原告作出的行政处罚决定没有证据、依据，应依法撤销被告的行政处罚决定。

县人民法院采纳了第二种意见，判决撤销被告作出的行政处罚决定。

【案件评析】县人民法院的判决是正确的。

在行政诉讼中，据以作出被诉具体行政行为的有关证据和所依据的规范性文件由被告负责举证，被告若不能提供证据，就要承担败诉的后果。根据《行政诉讼法》的规定，被告应当在收到起诉状副本之日起10日内，提供据以作出被诉具体行政行为的有关证据和所依据的规范性文件。被告在行政诉讼中所提供的证据，应是在行政程序中已收集了的证据，且该证据在行政程序中充当了具体行政行为的事实依据。被告在行政诉讼过程中如不提供或无正当理由逾期提供证据、依据的，根据《若干问题的解释》第26条规定，应当认定该具体行政行为没有证据、依据。

《行政诉讼法》第54条规定，人民法院经过审理，认为具体行政行为证据确凿，适用法律、法规正确，符合法定程序的，人民法院才判决维持。本案中，行政机关未在法定期限内提供作出行政处罚的证据和依据，人民法院不能作出维持判决。所以，本案的第一种处理意见是错误的。由于县林业局作出的具体行政行为被认定为没有证据和依据，县人民法院应当根据《行政诉讼法》第54第2款的规定，判决撤销被告县林业局作出的行政处罚决定。

【观点概括】在行政诉讼中，行政机关未在举证期限内提供或者无正当理由逾期提供证据、依据的，具体行政行为将被认定为没有证据、依据，人民法院将依法判决撤销。

【思考与练习】

一、简答题

1. 根据《行政处罚法》中听证程序的规定，听证依照哪些主要程序组织？
2. 《行政处罚法》规定，执法人员在哪些情况下可以当场收缴罚款？
3. 《行政处罚法》规定，当事人逾期不履行行政处罚决定时可以采取哪些措施？
4. 林业行政诉讼中，原告起诉应该符合哪些条件？
5. 行政复议决定有哪几种类型或形式？

二、案例分析题

1. 当事人不履行处罚决定可申请法院强制执行

【基本案情】2001年6月至7月，某市林业局分四次查获某地区木材公司无证运输木材6车皮，共计380.253立方米。市林业局依法对木材公司违法运输木材一案作出如下行政处罚决定：①没收无证运输的木材380.253立方米，折价款257.122元；②处以无证运输木材价值30%的罚款计77136.60元。对市林业局的行政处罚，木材公司在法定期限内既不申请行政复议或者向人民法院起诉，又不履行处罚决定。

【处理意见】市林业局在研究如何落实行政处罚决定时，出现了三种不同意见：

第一种意见认为，应当通知木材公司的开户银行并附上处罚决定书的副本，让银行从木材公司的账上把处罚金额转到指定银行的专户上。

第二种意见认为，法律没有赋予林业主管部门强制执行权，当事人不履行处罚决定只能作罢。

第三种意见认为，法律没有赋予林业主管部门强制执行权，但《行政处罚法》规定当事人逾期不履行行政处罚决定的，行政机关可以申请人民法院强制执行。

市林业局申请人民法院强制执行，法院审查林业局的行政处罚决定合法有效，依法对木材公司强制执行了林业局的行政处罚决定。

你认为哪种意见是正确的，为什么？

2. 赔偿请求人单独提起行政赔偿诉讼的法定条件

【基本案情】叶某等四人向某有蹄类野生动物自然保护区管理机构提出进入保护区采挖苁蓉的要求，在得到该保护区管理机构的准许后，进入该保护区采挖。采到后，叶某等四人租用汽车将所挖 30 袋苁蓉运往驻地。运输途中，被邻县林业局下属的荒漠植被管护站和林业派出所的工作人员拦截，并以采挖手续不齐全为由，责令叶某等四人将车开到荒漠植被管护站当场予以扣押，出具了"没收叶某苁蓉 30 麻袋"的收条。随后，荒漠植被管护站和林业派出所将扣押的 30 麻袋苁蓉以单价每公斤 3.50 元出售给个体药贩，获价款 5180 元，给个体药贩开具了行政事业单位收款收据，所获取的价款交单位入账。叶某等四人不服，向该县人民法院提起行政赔偿诉讼，要求该县林业局进行行政赔偿。

【处理意见】案件审理过程中，有两种处理意见：

第一种意见认为，原告叶某应当先向该林业局要求行政赔偿，或者向上一级林业局申请复议之后，才能向法院提起行政赔偿的诉讼，故应判决驳回叶某的诉讼请求，并告知其向该林业局要求行政赔偿或者向上一级林业局申请复议。

第二种意见认为，法院可以直接受理该案，并依法判决。

你认为哪种意见是正确的？为什么？

3. 乡政府单方面终止承包合同，承包人可以申请行政复议

【基本案情】1998 年 1 月，村民李某承包了村集体的 60 亩（1 亩＝0.067 公顷）林地，用来种植柑橘，承包期为 20 年。几年后，李某的柑橘开始有了可观的经济收益，这引起了一些村民的不满。2005 年 3 月，在部分村民的要求下，乡政府以需要照顾多数人利益为由，废止了李某的农业承包合同，并要求村委会将该承包林地收回，重新发给了该村村民。李某认为乡政府的决定，侵犯了自己的承包经营权，遂向县政府申请行政复议。

【处理意见】对于是否应当受理行政复议申请，县政府存在两种不同的意见：

第一种意见认为，李某签订的合同属于承包合同纠纷，应由李某与村委会协商解决，协商不成，可以向法院提起民事诉讼，但不属于行政复议的范围。

第二种意见认为，乡政府废止了已签订的农业承包合同，李某认为自己的合法权益受侵犯，其有权申请行政复议，县政府应当受理复议申请。

你认为哪种意见是正确的？为什么？

参考文献

巴连柱. 2007. 林业政策与法规[M]. 北京：中国林业出版社.

蔡小雪. 2009. 行政审判与行政执法实务指引[M]. 北京：人民法院出版社.

邰风涛. 2001. 行政复议法教程[M]. 北京：中国法制出版社.

国家林业局. 1999. 中国林业五十年（1994—1999）[M]. 北京：中国林业出版社.

国家林业局林业改革领导小组办公室. 2008. 中共中央国务院关于全面推进集体林权制度改革的意见辅导读本[M]. 北京：中国林业出版社.

国家林业局普及法律常识办公室. 2001. 全国林业职工法律知识读本[M]. 北京：高等教育出版社.

国家林业局政策法规司. 2010. 林业行政执法案例评析[M]. 北京：法律出版社.

胡康生. 2002. 中华人民共和国农村土地承包法释义[M]. 北京：法律出版社.

姜明安. 2011. 行政法与行政诉讼法[M]. 5版. 北京：北京大学出版社、高等教育出版社.

姜明安. 2011. 行政诉讼法教程[M]. 北京：中国法制出版社.

林业部政策法规司. 1993. 森林法野生动物保护法问答[M]. 北京：中国林业出版社.

罗豪才. 1996. 行政法学[M]. 北京：北京大学出版社.

石效贵. 2007. 实用林业管理法[M]. 北京：中国法制出版社.

汪永清. 2003. 中华人民共和国行政许可法释义[M]. 北京：中国法制出版社,

王耀冬. 2003. 林业案例评析[M]. 北京：当代中国出版社.

王云. 2008. 重大、疑难、典型涉林案例评析[M]. 北京：中国林业出版社.

邬福肇，曹康泰. 1998. 中华人民共和国森林法释义[M]. 北京：法律出版社.

杨小君. 2002. 行政处罚研究[M]. 北京：法律出版社.

张蕾，王宏祥. 2000. 中国林业法律实用手册[M]. 北京：中国林业出版社.

张力，贺建伟. 2012. 林业政策法规[M]. 2版. 北京：高等教育出版社.

张力，王洪杰. 2001. 林业政策法规[M]. 北京：高等教育出版社.